"十二五"国家重点图书出版规划项目

社会系列

莆田史话

A Brief History of Putian

刘福铸 主编

社会科学文献出版社
SOCIAL SCIENCES ACADEMIC PRESS (CHINA)

总　序

　　中国是一个有着悠久文化历史的古老国度，从传说中的三皇五帝到中华人民共和国的建立，生活在这片土地上的人们从来都没有停止过探寻、创造的脚步。长沙马王堆出土的轻若烟雾、薄如蝉翼的素纱衣向世人昭示着古人在丝绸纺织、制作方面所达到的高度；敦煌莫高窟近五百个洞窟中的两千多尊彩塑雕像和大量的彩绘壁画又向世人显示了古人在雕塑和绘画方面所取得的成绩；还有青铜器、唐三彩、园林建筑、宫殿建筑，以及书法、诗歌、茶道、中医等物质与非物质文化遗产，它们无不向世人展示了中华五千年文化的灿烂与辉煌，展示了中国这一古老国度的魅力与绚烂。这是一份宝贵的遗产，值得我们每一位炎黄子孙珍视。

　　历史不会永远眷顾任何一个民族或一个国家，当世界进入近代之时，曾经一千多年雄踞世界发展高峰的古老中国，从巅峰跌落。1840 年鸦片战争的炮声打破了清帝国"天朝上国"的迷梦，从此中国沦为被列强宰割的羔羊。一个个不平等条约的签订，不仅使中国大量的白银外流，更使中国的领土一步步被列强侵占，国库亏空，民不聊生。东方古国曾经拥有的辉煌，也随着西方列强坚船利炮的轰击而烟消云散，中国一步步堕入了半殖民地的深渊。不甘屈服的中国人民也由此开始了救国救民、富国图强的抗争之路。从洋务运动到维新变法，从太平天国到辛亥革命，从五四运动到中国共产党领导的新民主主义革命，中国人民屡败屡战，终于认识到了"只有社会主义才能救中国，只有社会主义才能发展中国"这一道理。中国共产党领导中国人民推倒三座大山，建立了新中国，从此饱受屈辱与蹂躏的中国人民站起来了。古老的中国焕发出新的生机与活力，摆脱了任人宰割与欺侮的历史，屹立于世界民族之林。每一位中华儿女应当了解中华民族数千年的文明史，也应当牢记鸦片战争以来一百多年民族屈辱的历史。

当我们步入全球化大潮的21世纪，信息技术革命迅猛发展，地区之间的交流壁垒被互联网之类的新兴交流工具所打破，世界的多元性展示在世人面前。世界上任何一个区域都不可避免地存在着两种以上文化的交汇与碰撞，但不可否认的是，近些年来，随着市场经济的大潮，西方文化扑面而来，有些人唯西方为时尚，把民族的传统丢在一边。大批年轻人甚至比西方人还热衷于圣诞节、情人节与洋快餐，对我国各民族的重大节日以及中国历史的基本知识却茫然无知，这是中华民族实现复兴大业中的重大忧患。

中国之所以为中国，中华民族之所以历数千年而不分离，根基就在于五千年来一脉相传的中华文明。如果丢弃了千百年来一脉相承的文化，任凭外来文化随意浸染，很难设想13亿中国人到哪里去寻找民族向心力和凝聚力。在推进社会主义现代化、实现民族复兴的伟大事业中，大力弘扬优秀的中华民族文化和民族精神，弘扬中华文化的爱国主义传统和民族自尊意识，在建设中国特色社会主义的进程中，构建具有中国特色的文化价值体系，光大中华民族的优秀传统文化是一件任重而道远的事业。

当前，我国进入了经济体制深刻变革、社会结构深刻变动、利益格局深刻调整、思想观念深刻变化的新的历史时期。面对新的历史任务和来自各方的新挑战，全党和全国人民都需要学习和把握社会主义核心价值体系，进一步形成全社会共同的理想信念和道德规范，打牢全党全国各族人民团结奋斗的思想道德基础，形成全民族奋发向上的精神力量，这是我们建设社会主义和谐社会的思想保证。中国社会科学院作为国家社会科学研究的机构，有责任为此作出贡献。我们在编写出版《中华文明史话》与《百年中国史话》的基础上，组织院内外各研究领域的专家，融合近年来的最新研究，编辑出版大型历史知识系列丛书——《中国史话》，其目的就在于为广大人民群众尤其是青少年提供一套较为完整、准确地介绍中国历史和传统文化的普及类系列丛书，从而使生活在信息时代的人们尤其是青少年能够了解自己祖先的历史，在东西南北文化的交流中由知己到知彼，善于取人之长补己之短，在中国与世界各国愈来愈深的文化交融中，保持自己的本色与特色，将中华民族自强不息、厚德载物的精神永远发扬下去。

《中国史话》系列丛书首批计200种，每种10万字左右，主要从政治、经济、文化、军事、哲学、艺术、科技、饮食、服饰、交通、建筑等各个方面介绍了从古至今数千年来中华文明发展和变迁的历史。这些历史不仅展现了中华五千年文化的辉煌，展现了先民的智慧与创造精神，而且展现了中国人民的不屈与抗争精神。我们衷心地希望这套普及历史知识的丛书对广大人民群众进一步了解中华民族的优秀文化传统，增强民族自尊心和自豪感发挥应有的作用，鼓舞广大人民群众特别是新一代的劳动者和建设者在建设中国特色社会主义的道路上不断阔步前进，为我们祖国美好的未来贡献更大的力量。

陈奎元

2011 年 4 月

出版说明

　　自古至今，始终坚持不懈地从漫长的文明进程中不断总结历史经验教训，从中汲取有益营养，从而培植广阔的历史视野，并具有浓厚的历史意识，这是我们中国文化独有的鲜明特征，中华民族亦因此而以悠久的"重史"传统著称于世。在整个人类文明史上独一无二、系统完备的"二十四史"即证明了这一点。

　　中华人民共和国成立后，历史知识普及工作被放到十分重要的位置。20世纪五六十年代，著名历史学家吴晗主持编写的《中国历史小丛书》，90年代中国社会科学院院长胡绳组织编写的《中华文明史话》和《百年中国史话》，成为"大家小书"的典范，而后两套历史知识普及丛书正是《中国史话》之缘起。

　　2010年年初，为切实贯彻中央关于"做好历史知识普及工作"的指示精神，同时也为了更好地弘扬中国传统文化，我们对《中华文明史话》和《百年中国史话》

两套丛书的内容进行了修订和增补，重新设计框架，以"中国史话"为丛书名出版。第十一届全国政协副主席、时任中国社会科学院院长陈奎元亲任《中国史话》一期编委会主任，时任中国社会科学院副院长武寅任编委会副主任。正是有了各级领导的关心支持和诸多学术名家的积极参与，《中国史话》一期 200 种图书得以顺利出版，并广受好评。

《中国史话》丛书的诞生，为历史知识普及传播途径的发展成熟，提供了一种卓具新意的形式。这种形式具有以通俗表述、适中篇幅和专题形式展现可靠历史知识的特征。通俗、可靠、适中、专题，是史话作品缺一不可的要素，也是区别于其他所有研究专著、稗官野史、小说演义类历史读物的独有特征。

囿于当时条件，《中国史话》一期的出版形式不尽如人意，其内容更有可以拓展的广阔空间，为此 2013 年 4 月我们启动了《中国史话》二期出版工作。《中国史话》二期分为经济、政治、文化、社会和生态五大系列，拟对中国各区域、各行业、各民族等的发展历史予以全方位介绍。我们并将在适当时机，启动《世界史话》的出版工作。史话总规模将达数千种。

我们愿携手海内外专家学者，将《中国史话》《世界史话》打造成以现代意识展现全部人类历史和人类文明、集学术性、知识性、趣味性于一体的"万有文

库";并将承载如此丰厚内容的史话体写作与出版努力
锻造成新时期独具特色的出版形态。

希望史话丛书能在形塑民族历史记忆、汲取人类文
明精华、培育现代国民方面有所贡献,并为广大读者所
喜爱。

史话编辑部

2014 年 6 月

目录
Contents

序

　　莆田位于福建省沿海中部，古称兴化、兴安。南朝时初次见诸史书记载，称为"蒲口"，意为蒲草丛生的河口。兴化大地自秦王朝正式纳入行政建置以来，历经千年沧桑巨变，几经风雨，迄至今朝，现有人口 320 多万，陆域面积 4119 平方公里，海域面积 1.1 万平方公里。

　　莆田是一座文化积淀深厚的城市，在悠长的历史岁月中，勤劳质朴的人民构建了一道源远流长、绚丽独特的文化长廊，为中华传统文化宝库增添了华丽的篇章。这里素有"海滨邹鲁、文献名邦"的美称，自唐代以来诞生了近 2500 名进士、21 名状元和 17 名宰辅；这里出现过"兄弟同为相""一家九刺史""一门五学士""六部五尚书"的文化奇观，令一代君王宋神宗发出了"一方文武魁天下，万里英雄入彀中"的感慨；

这里孕育了"立德、行善、大爱"的妈祖精神，全世界有妈祖信众2亿多人，"妈祖信俗"是中国首个信俗类世界非物质文化遗产。

人类总是不断发展的，历史也是不断前进的。莆田这座古府新市，紧随着历史的车轮滚滚向前，特别是伴随着改革开放的浪潮，神奇的莆田大地发生了巨大的变化。经济实力显著增强，近五年GDP平均增幅达14.3%，居全省第一位，财政总收入平均增幅达23.1%，居全省第二位；城乡面貌焕然一新，形成了"一纵、一横、一支线"的铁路网和"两纵两横"的高速公路网，中心城区建成区面积拓展至53平方公里；生态保护成效凸显，空气质量连续两年位居福建省第一位，先后荣获"国家园林城市""全国绿化模范城市"等称号。

《莆田史话》作为"十二五"国家重点图书出版规划项目《中国史话》的组成部分，从立项到完稿，计划安排的时间不多，但在编委会的组织协调和专家学者的努力下，圆满完成了编撰任务。本书以史话的形式，简明扼要地介绍了莆田这个"海上和平女神"妈祖的故乡、世称"文献名邦"的东南沿海城市所走过的不平凡历程，全景式地展示了莆田独特的地理风貌以及近现代以来经济社会发展的各个方面，特别是改革开放以来的巨大成就。可以说，一部史话在手，莆田千古风云尽收眼底。

《莆田史话》的编写出版是一件很有意义的事，它将为普及莆田历史知识、进行爱国爱乡教育提供一份不可多得的教材，也将为世人走进莆田、莆田走向世界打开一扇宽敞便利的大门。我们期待有更多的这类作品出现，为建设"文化莆田"再添光彩。

中共莆田市委书记　梁建勇

2014 年 3 月

一 地名由来及建置沿革

　　莆田市位于福建省沿海中部，是海峡西岸经济区中心城市之一。陆域东北与福清市交界，西北与永泰县、德化县毗邻，西南与永春县、南安市、泉港区接壤，东南海域连接台湾海峡，是祖国大陆距离宝岛台湾最近的地区之一。

1 地名由来

莆田及其别称

　　"莆田"一名最早的历史记载见于《陈书·虞寄传》："及宝应败走，夜至蒲田，顾谓其子扞秦曰：早从虞公计，不至今日……"其背景是南朝时福建侯官（今福州）人陈宝应割据晋安和建安二郡，发展军事实力，并成为陈宗室属籍。至天嘉五年（564），因反叛，遭陈文帝派大军追杀，陈宝应大败，率其子南逃至莆田被俘。后来全家被押送建康斩首。"蒲田"一词，宋司马光撰《资治通鉴》引作"莆口"，"口"与"田"含义不同，有学者认为"莆口"是莆仙最早的港口，至于它在莆田沿海的具体位置则聚讼纷纭，说法不一。

"蒲田"二字，后代几乎都是写作"莆田"。改写原因有多种解释，较通行的说法是莆田古时为海，后升为平原，因蒲草丛生，水患频仍，农田难以耕作，所以将"蒲"字删去三点水写为"莆"。另一种解释是"莆""蒲"二字古籍中本来就通用，写作"莆"只是更简易罢了。当然还有其他解释，如认为黄石旧时称为莆田里，"莆田"只是置县时最初治所在莆田里的缘故。但不管怎样，莆田的命名与海有关、与"蒲"有关，也与"田"有关。

在莆田历史上，"莆阳"是一个十分常见的别称。"莆阳"一词至迟在中唐时期已见使用。如被誉为"闽南第一进士"、唐代来莆田读书并娶莆田望族九牧林家妹子林萍为妻的泉州人欧阳詹（约758~800），在《与王式书》《甘露述》等文中已多次使用"莆阳"一词。如《与王式书》云："且莆阳读书接席五年，其于为人公范知之，莆阳去家四百余里，晨昏之思忽至，珍奇之味忽得。"晚唐莆田人黄滔（840~911）在《司直陈公墓志铭》一文中亦写道："闽越江山，莆阳为灵秀之最。"莆田人徐寅（寅）于唐哀帝天祐四年（907）为王审邦所撰的《武肃王神道碑铭并序》中也自署"乾宁进士修职郎、秘书省正字莆阳徐寅撰文"。以上"莆阳"皆作莆田县别称。

宋代以后文人使用"莆阳"这一称呼就更多了。如北宋

蔡襄在文章及碑记后常自署"莆阳蔡襄"，其著作称《莆阳
居士集》；莆田黄公度著有《莆阳知稼翁集》，李俊甫著有
《莆阳比事》；宋代有乾道、绍熙、庆元等多种《莆阳志》。
明代郑岳则著有《莆阳文献》《莆阳科第录》《莆阳志略》、
林人中著有《莆阳风雅》、方朴著有《莆阳人物志》、吴源著
有《莆阳名公事迹》、宋端仪著有《莆阳遗事》《莆阳旧事偶
录》和《莆阳科名志》。清代萧重著有《莆阳新乐府》、陈池
养著有《莆阳水利志》、刘尚文著有《莆阳金石初编》、涂庆
澜著有《莆阳文辑》和《国朝莆阳诗辑》。民国时李光荣编
有《莆阳竹枝词》、游定远和康爵均撰有《莆阳诗话》等。
探查莆田的姓氏族谱，也多冠以"莆阳"，如《莆阳黄氏族
谱》《莆阳翁氏家谱》《莆阳刺桐金紫方氏族谱》《莆阳可塘
吴氏族谱》之类。在外地的莆人同乡会馆也多有冠"莆阳"
者，如清代北京的莆阳会馆、莆阳新馆，浙江温州、乍浦亦
均有莆阳会馆。

　　在历史上，"莆阳"一词绝大多数是用作莆田县的代称，
但是自宋代开始，也有个别文人把"莆阳"一词的指称扩大
至包括仙游县，甚至古兴化县，如北宋仙游枫亭人蔡卞，在山
东长清灵岩寺《楞岩经偈》碑、河南少林寺《达摩面壁之庵》
碑后均自署"莆阳蔡卞"。又如《畿辅通志·金石志》载赵州
"崇术堂"三大字石刻款题"莆阳蔡叔羽书"，"叔羽"是仙游
蔡京第三子蔡儵之字。另外，南宋李俊甫所著的《莆阳比
事》，书中所记掌故则包括当时兴化军所辖的莆田、仙游、兴
化三县。但以上这种"莆阳"扩大的用法并不多见。

宋代莆田地方类书《莆阳比事》

　　"莆阳"二字的来历实有所据。福建县名或县城别称带"阳"字者并不鲜见，如永泰别称永阳，大田别称田阳，宁化别称宁阳，沙县别称沙阳，顺昌别称顺阳，浦城别称汉阳，福安别称韩阳，邵武别称邵阳、昭阳、樵阳等。南宋洪迈在《容斋随笔·郡县用阴阳字》中说："山南为阳，水北为阴，《穀梁传》之语也，若山北水南则为阴，故郡县及地名多用之。"今广化寺所在的南山是莆城的镇山，广化寺在唐代称灵岩寺，南山称莆山，故唐人黄滔作有《莆山灵岩寺碑铭》。"莆阳"正是源于"莆山"之阳。莆城既在莆山之南，又在木兰溪之北。木兰溪莆田段也被文人雅称为"莆水",如明黄仲昭记黄石"红泉宫在莆水之南";文人诗句如"壶山为增秀,莆水为增清"(明杨士奇句),"莆山崔嵬,莆水浼浼"(明杨荣句),"莆山之阿,莆水之沱。以咏以游,以啸以歌"(明何乔新句)。因此"莆阳"之称正符合古人所谓"山南为阳,水北为阴"的命名通例。

另外,宋代开始,文人还经常用"莆中"一词作莆田的别称。如祝穆《方舆胜览》载:"莆中秀民特多。"名臣楼钥的《陈公行状》记:"莆中宗族,生事死葬,无不被赐。"莆田理学家林光朝有"瞻彼莆中,冠盖如云"的诗句,南宋学者陈傅良则云"闽中岂不好,莆中况多儒",诗人戴复古《赵敬贤送荔枝》也有诗句"尝观蔡公谱,梦想到莆中"。

"荔城"作为地名,与荔枝有关,但荔城地名在中国有多处,如广西荔浦县有荔城镇,广东增城县城也别称荔城,增城设市后也有荔城镇,仙游枫亭在古代也有"荔城"的赞誉,但作为区名的莆田市荔城区,则在中国是独有的。

福建历史上的荔城多作为莆田县城的别称,后来扩大指称莆田县。1962年郭沫若所作的《途次莆田》七律首联为"荔城无处不荔枝,金覆平畴碧覆堤",句中的"荔城"就是代指莆田的。莆田盛产荔枝,植荔历史可上溯至唐代,如今莆田城内英龙街原宋氏宗祠遗址尚存的一棵植于唐天宝年间(742～756)距今已1200多年的古荔"宋家香"就是明证。北宋名臣蔡襄著有《荔枝谱》,宋嘉祐年间(1056～

1063.) 兴化知军徐师闵也撰有《莆田荔枝谱》。宋人洪迈在《容斋随笔》中说：“莆田荔枝，名品皆出天成，虽以其核种之，终与其本不相类。宋香之后无宋香，所存者孙枝尔。”可见莆田荔枝名品之独特。清代以降，莆田文人常称家乡为“荔子故乡”“荔乡”。如光绪年间翰林涂庆澜为北京莆阳会馆题楹联云：“荔子故乡来旧雨，杏花及第报春风。”民国时期，莆田地方报纸《闽中日报》辟有《荔乡文献》副刊。莆田既为荔乡，自然莆城也就有了“荔城”的别称。“荔城”作为莆城或莆田的雅称，大体上是在清后期才开始流行的。如清人陈国仕辑录的《丰州集稿》收录有南安诗人陈步蟾（1808～1879，字修镜）于光绪甲戌年（1874）作的《荔城和孙修昉同年（翼恭）赠别》一诗，诗云：“鹧鸪声里雨交烟，糁径泥花马不前。自是壶兰山水好，故将名胜阻鞍鞯。”诗题中的“荔城”正是莆城。又如清末莆田陈学谦著有《荔城见闻录》。民国间上海名士沈佚刘所著散文集《八闽风土记》中的《荔城龙荔》一文，写的也是莆田的荔枝。

郭沫若《途次莆田》诗墨迹

仙游及其别称

"仙游"名称来源于汉代何氏九仙的神话传说。传说汉景帝时，安徽庐江有一何姓的老汉，迁居豫章（江西南昌），何老汉好侠有奇气，其妻张氏生了九个儿子和四个女儿。可惜九个儿子几乎都是瞎子，只有长子有一只眼睛长在额头上，可以带弟弟们行走。九兄弟的父亲何老汉与汉高祖之孙淮南王刘安交游甚密。刘安早有反叛汉王朝的企图，九兄弟担心父亲受牵连，便劝父亲一起去隐居，但父亲不听劝告，于是九兄弟结伴南行，来到福建。他们从福州、永泰、莆田一路走下来，在莆田西州地方，得吴道人以井泉水调治后，眼睛都睁开了。于是他们来到海滨结枫为亭，后来此地名为枫亭。再往西入山，九兄弟来到一处怪石叠嶂、岩穴石窍奇多的湖边，最终决定停下结庐，在此对弈炼丹，修身养性。有一天，他们用所炼仙丹喂养湖中的鲤鱼，结果鲤鱼变成红色，一时风雨大作，湖水涨满，鲤鱼不断腾跃欲飞，九兄弟各乘一条鲤鱼，化作神仙飞升。后人把此湖称为九鲤湖，岩称何岩、何岭，水称仙水，山称仙山，并建九仙祠奉祀他们。

仙游于唐圣历二年（699）置县时的县名是清源县，属泉州管辖。唐玄宗天宝元年（742），唐廷改州为郡，泉州改名清源郡，于是出现郡名和县名相同的情况，后来别驾赵颐正奏请朝廷改名，根据县境内最有影响的何氏九仙传说，将清源县改名为仙游县。另有一说认为仙游县名是因县西30里有仙游山而得名。

兴化人民的母亲河木兰溪，发源于永春和德化交界处的深山，在仙游境内的一段就称为仙溪。"仙溪"后来成为仙游的

宋仙游县志《仙溪志》

常用别称，如南宋黄岩孙编纂的县志名《仙溪志》，明代陈迁亦编纂有《仙溪新志》，清代在京仙游人建的会馆称"仙溪会馆"，仙游县城南门有仙溪桥，盖尾有仙溪村，联络乡情的侨刊称《仙溪乡讯》。

因为九鲤湖仙的故事，仙游县城雅称"鲤城"，今设有鲤城镇、鲤南镇。但因鲤城与泉州城的别称鲤城相同，故文人很少使用这个别称。

兴化及其别称

莆仙地区别称"兴化"是宋代后才有的。赵匡胤建立宋朝后，宋太平兴国三年（978），割据闽南漳州、泉州（含莆田、仙游）地区达19年之久的地方军阀仙游人陈洪进（914～985）"纳土归宋"，因陈洪进对人民大肆搜刮，向宋王朝进贡，使尖锐的阶级矛盾不断激化，从而引发了仙游游洋人林居裔领导的声势浩大的农民起义。太平兴国四年（979），宋廷下诏就近调兵征讨，结果林居裔战败。这年，宋太宗翻阅《游洋图志》，"念游洋洞地险，欲以德化之，乃即其地析置兴化县"。"游洋洞"就是现在的游洋镇。"洞"相当于"峒"，也是西南少数民族聚居地的常见地名，如苗族的苗峒、侗族的十峒、壮族的黄峒之类。除设兴化县外，同时在此设太平军管辖莆田、仙游、兴化三县。第二年太平军改称兴化军，军治迁到现在的莆城。元代设兴化路，明清设兴化府。"兴化"寓意"兴德化民"，此后成为莆仙地区常用的一个称呼。明代弘治和万历年间编纂的府志都称《兴化府志》，清代军事著作有《兴化郡城记》《兴化武备钞略》，清末莆仙基督教会组织称"兴化卫理公会"，耶稣会士创制的拼音文字称兴化白话字，近代在南洋各国的海外莆仙华侨则编印有多种《兴化文献》。马来西亚砂拉越诗巫有"兴化垦场"，同乡组织有"兴化莆仙公会"。

在台湾还有不少冠以"兴化"的地名，如称"兴化寮"的有三处，称"兴化廊"的有两处，淡水、云林、北港各有一处"兴化店"。还有"兴化坑""兴化厝""兴化村""兴化里"等，这些冠以"兴化"的地名是莆仙人参加垦发台湾的见证。民间以"兴化"命名的事象尚多，如兴化粉、兴化桂圆、兴化米粉乃至于兴化湾、兴化戏、兴化话，以及各种商号如兴化卤面、兴化宾馆、兴化明珠酒店等。民国间莆仙办有《兴化新闻》《兴化醒报》《兴化晶报》《兴化通讯》《兴化呼声》等报纸。改革开放后莆田市委机关报曾名《兴化报》，还有《兴化声屏报》《兴化政协》《兴化银幕》等刊物。近代学校有兴化中学堂，20世纪80年代创办的职业大学亦取名"兴化职业大学"。

除"兴化"外，莆仙还别称"兴安"，它源于宋景炎二年（1277）曾把兴化军升为兴安州的历史。宋德祐二年（1276）二月元军攻陷临安，宋恭帝投降。同年五月，益王赵昰在福州即位，称端宗，改元景炎，莆田陈文龙被任命为参知政事。十一月，福州陷落，端宗乘船逃往广东。陈文龙回到兴化，散尽家财招募义军。十二月，因部将林华叛变，通判曹澄孙开城降敌，陈文龙兵败被擒，解送至杭州，不屈，绝食殉国。景炎二年三月，陈文龙从叔陈瓒收复兴化军城。五月，兴化军升为兴安州。元朝灭宋后兴安州改为兴化路。

"兴安"历史虽短，但也是莆仙人喜欢的一个别称，不仅是因为"兴安"有"兴旺安康"的美好寓意，更因为它承载了一段可歌可泣的悲壮历史。清代，莆城建有"兴安书院"，孔庙称"兴安圣庙"。清末李光荣编纂有诗歌总集《兴安风雅》。近代台港澳莆仙同胞和东南亚莆仙侨胞尤为钟爱"兴安"一名。如台湾地区有"兴安宫"妈祖庙，还有"兴安会馆"；马来西亚、印度尼西亚、新加坡、菲律宾等地，也建有几十所"兴安会馆"。马来西亚怡保兴安会馆还镌有一副著名的"兴安"嵌首联："兴吾业，乐吾群，敬吾桑梓；安此居，习此俗，爱此河山。"联语嵌字自然、文辞典雅而寓意深刻。

莆城兴安书院、兴安圣庙古瓦

2　古代建置

置县前的莆仙

新中国成立后经过考古发掘，在原莆田县的华亭、江口、梧塘、西天尾、灵川、常太、埭头、南日岛，仙游县的龙华、大济、榜头、圆庄、鲤城等地，先后发现 44 处新石器时代遗址和 54 处商周遗迹，采集到 1000 多件石锛、石斧、石刀、石戈、石箭镞及几何图形纹饰的夹砂陶片、印纹陶片、印模陶缸、陶纺轮、陶拍、彩陶等遗物。这些遗迹遗物属我国"东南几何印纹陶文化"，说明早在新石器时代莆仙大地上就已有先民繁衍生息。

在南北朝之前，莆仙大地上尚无县建置。按地域所属，大致是：夏、商时期（前2070～前1046）属传说中的古九州之一的扬州；西周时期（前1046～前770）属"七闽"之地；春秋时期（前770～前476）属百越；战国时期（前476～前221）为越国领地，东周显王十三年（前356）越国被楚国所灭，一支越国贵族入闽，至战国末，无诸建立闽越国，自称闽越王。

秦朝时（前221～前206）属闽中郡，西汉前期（前206～前111）属闽越国，汉高祖五年（前202），汉廷加封无诸为闽越王。西汉元封元年（前110）闽越王余善反叛，汉廷将他镇压后，其地划归会稽郡，并把闽越人民迁移到江淮之间。始元二年（前85），鉴于闽越人民潜回原地的情况，故在闽越旧地设冶县以加强管理，仍属会稽郡。东汉建武十年（34），朝廷分会稽郡为东西二都尉，冶县属东部都尉。永和六年（141）又在冶县故地增设南部都尉，改冶县为侯官县，莆仙地区属南部都尉侯官县，三国吴永安三年（260）南部都尉撤销，设立建安郡（郡治在今建瓯），莆仙地区属建安郡侯官县。西晋太康三年（282）析建安郡南部置晋安郡（郡治在今福州），属晋安郡侯官县。西晋元康元年（291）从荆、扬二州分出十郡设江州，莆仙地区属江州晋安郡晋安县。

莆田置县

南朝梁天监元年（502）析晋安郡南部地置南安郡，莆仙地区从侯官县划出，属江州南安郡直辖。南朝陈永定元年

（557），升晋安郡为闽州（治所在今福州），辖晋安、建安、南安三郡，莆仙地区属闽州南安郡。至南朝陈光大二年（568），莆田才开始置县。关于莆田的置县时间，历史上有两种说法，后人判断不一。《隋书·地理志》之注及明弘治《兴化府志》等记载，莆田于陈光大二年由南安郡分出置县，属丰州（今福州），不久废，改属南安；唐武德五年（622），析南安地另置丰州（今泉州），重新设立莆田县以属之。但是唐代《元和郡县图志》和清代康熙、乾隆的两种《莆田县志》则均记载："隋开皇九年（589）始置莆田县，寻废……唐武德五年，析南安地别置丰州即今泉州，复置莆田县隶丰州。"总之，莆田置县经数次反复后，到唐代才真正稳定下来。

仙游置县

仙游地域原本都属于莆田县。至唐武周圣历二年（699），始析莆田县西部部分地区设置清源县。其时莆田、清源二县都属于武荣州，景云二年（711）武荣州改名泉州。唐天宝元年（742），泉州改称为清源郡。这样，清源郡下辖有清源县，容易混淆，清源别驾赵颐正奏改清源县为仙游县。仙游县名沿用至今。

五代时的莆仙

后唐长兴四年（933），王审知次子王延钧在福州称帝，国号闽，莆田和仙游并属之。五代闽永隆五年（943），延钧弟延政在建州称帝，国号殷，莆田、仙游为其所属。南唐灭闽国后，泉州、漳州被永春人留从效所割据。南唐为争取留氏为附庸，封留氏为晋江王。后汉乾祐二年（949），泉州改称清源军，莆田、仙游属清源军。公元 962 年，留从效病死。此后，清源军统军使仙游人陈洪进继续割据其地，莆田、仙游遂属陈所割据的清源军。

北宋建隆元年（960），赵匡胤正式登基称帝，建立宋朝。清源军节度使留从效遣使奉表称藩于宋。三年（962）三月，留从效病逝。次年，南唐李煜封陈洪进为清源军节度使，十一月，陈洪进遣使奉表称臣于宋，宋太祖下诏慰抚。乾德二年（964），宋廷改清源军为平海军，封仙游陈洪进为节度使，兼漳、泉二州观察使，莆田、仙游隶属平海军。开宝八年（975），宋灭南唐。第二年宋太宗即位，陈洪进再次上表太宗希望纳土归宋。太平兴国三年（978），宋灭吴越国，平海军节度使陈洪进以漳、泉二州 14 县（含莆田）版籍正式献归宋朝。

兴化县与兴化府

太平兴国元年（976），游洋人林居裔发动农民起义，自号西平王，数年内队伍发展至 10 多万，一度兵临泉州城下。宋廷调遣大军镇压，太平兴国四年（979）林居裔兵败被杀。宋太宗下诏割析莆田、仙游、永福（永泰）、福清 4 县所辖的 14 个里，设置兴化县，县治设在游洋，并同时设置太平军，直属两浙西南路。第二年，太平军改称兴化军，划出原属平海军（今泉州）的莆田、仙游两县归兴化军管辖，仍直属两浙西南路。福建始有建州、福州、泉州、漳州、汀州、南剑州、邵武军、兴化军“八闽”之称。太平兴国八年（983），兴化军治所从兴化县迁至莆田县城，仍辖莆田、仙游、兴化三县，并在莆田筑军城，从此，兴化治所不再迁移。雍熙二年

（985），福建从两浙西南路分出，置福建路，兴化军隶属福建路。

南宋德祐二年（1276），恭帝赵㬎在临安（今杭州）降元。同年五月，益王赵昰在福州登位，是为端宗，改元景炎，升福州为福安府，定为行都。景炎二年（1277），兴化军城失而复得，端宗下诏改兴化军为兴安州，莆田、仙游、兴化隶属兴安州。

景炎二年即元至元十四年（1277）十月，陈文龙、陈瓒抗元失败，元军攻陷兴安州城，占领莆仙地区。次年改兴安州为兴化路，莆田、仙游、兴化三县属福建行中书省兴化路。皇庆二年（1313），兴化县治由游洋镇迁到广业里湘溪（今涵江区新县镇）。

至正二十七年（1367），朱元璋派汤和、廖永忠等攻福建，捕获元朝福州平章陈友定。元福州参政文殊海牙打开城门出城投降。明将胡廷瑞等进兵攻克兴化，兴化路亦纳款归明。

明洪武二年（1369），兴化路改称兴化府，隶属福建行中书省。洪武九年（1376），福建行中书省改为福建承宣布政使司，兴化府属之，辖莆田、仙游、兴化三县。明正统十三年（1448），地处山区的兴化县，虎患严重，疫病流行，人丁渐少，百姓不堪重负，明廷因而撤销了兴化县。兴化县的武化、长乐两乡并为广业里，划归莆田县，兴泰、福兴、来苏三里并为兴泰里，划归仙游县。兴化县历史至此结束。

明代，日本倭寇频繁侵扰中国东南沿海，明廷为防御倭寇，在兴化东南部筑平海、莆禧两卫城，又在各要冲地带建立迎仙、青山、嵌头、吉了、枫亭等军寨。明代中期，政治腐败，海防废弛，倭寇疯狂入侵，大肆抢掠兴化平原沿海地带，给兴化人民带来了空前的灾难。民众奋起自卫，伤亡惨重。嘉靖四十一年（1562），名将戚继光率军自浙江入闽，歼灭了盘踞在林墩多时的倭寇，但倭寇乘戚家军回师浙江之机，又纠集几万人于同年十一月底攻陷兴化府城，全城自知府奚世亮以下 3 万人，几乎全部遇难。兴化是当时东南沿海唯一被倭寇攻陷的府城，八闽为之震动。明廷急调戚继光自浙江率军援闽。次年三月，明军歼灭了盘踞在平海卫的倭寇。之后，倭寇又纠集万余人围攻仙游县城。仙游军民在戚继光部队的援助下进行英勇的县城保卫战，坚守 50 多天。至年底，戚家军大破倭寇于仙游城下，倭寇残部流窜惠安，兴化倭患才告平息。戚家军英勇抗倭的许多传说至今还在莆田民间流传着。崇祯十七年（1644）五月至次年五月，莆仙隶属南明弘光帝政权。南明弘光元年（1645）闰六月至次年九月，莆仙隶属南明隆武帝政权。

顺治三年（1646）十月，清军攻占兴化府城，统治至顺治五年（1648）三月。顺治五年三月，明大学士朱继祚响应浙江鲁监国起兵，收复兴化府。七月，兴化府再度被清兵攻陷。然自此时至顺治十八年（1661）清廷截界，兴化府沿海大片地区仍处于奉南明永历为正朔的郑成功军队和清军两属的统治之中。顺治十二年（1655）正月，郑成功部将曾攻占仙游县城十多天，移兵攻打兴化府城不克后退兵。清朝地方建置分省、道、府、县四级制，兴化府仍辖莆田、仙游两县，隶属福建省闽海道。

3 民国隶属

1911 年辛亥革命成功，推翻了帝制，11 月 2 日，宣布兴化府光复。1912 年 1 月 1 日，中华民国成立。1913 年，实行省、道、县三级制，兴化府建置撤销，莆田、仙游两县属福建省南路道管辖。1914 年 6 月，东、西、南、北四道分别改为闽海、汀漳、厦门、建安四道，莆田、仙游两县属厦门道。1916～1926 年，莆仙处于北洋军阀统治之下。1926 年 11 月，国民革命军北伐入闽，攻克泉州、莆田、仙游、福清等地。12 月，成立福建省国民政府，同时废道，莆田、仙游两县直属福建省。1933 年 11 月 23 日，国民革命军第十九路军在福建发动反蒋抗日的"福建事变"（简称"闽变"），成立"中华共和国人民革命政府"，福建分为闽海、兴泉、龙汀、延建四省和福州、厦门两个特别市，莆田、仙游两县属兴泉省。1934 年 1 月"闽变"失败。7 月，划福建省为十个行政督察专员公署。福建省政府在仙游县城设立行政专员第四督察区公署，辖莆田、仙游、永春、德化、大田、惠安六个县。次年秋，专署由仙游县城迁到同安县。1936 年，十区合并为七区。直至 1949 年，莆田、仙游两县均属第四行政督察区。

4 当代区划

1949 年 8 月 21 日和 8 月 25 日，莆田、仙游两县先后解放，先后成立县人民政府。10 月 1 日，中华人民共和国成立，福建省分为八个专区及福州、厦门两市。莆田、仙游两县隶属福建省第五行政督察区（驻泉州）。1950 年 4 月起，第五行政督察区先更名为晋江行政督察专员公署，后更名为晋江地区专员公署（简称"晋江专署"），莆田、仙游两县属之。1967 年 7 月"文化大革命"开始，莆仙分别成立县军事管制委员会（简称"军管会"），隶属于晋江专区军事管制委员会。1968 年 9 月，"军管会"撤销，莆田县、仙游县分别成立革命委员会，隶属晋江专区革命委员会。1970 年 6 月，莆田、仙游两县由晋江专区划归闽侯专区，同时把闽侯专区机关从闽侯螺洲迁至莆田城厢。1971 年 4 月，闽侯专区改为莆田专区。同年 6 月 1 日，莆田专区改为莆田地区，辖莆田、仙游、闽清、福清、平潭、长乐、闽侯、永泰八县，这是莆田历史上管辖范围最大的时期。1973 年 7 月，闽侯县划归福州市管辖，莆田地区管辖剩下七个县。1979 年 1 月，莆田地区革命委员会改称莆田地区行政公署，辖县不变。1980 年 12 月，县革命委员会均改称县人民政府，隶属不变。

　　1983 年 6 月，撤销莆田地区行政公署，原辖属于闽东语系的福清、闽清、平潭、长乐、永泰五县划归福州市管辖。9 月 9 日，国务院批准建立省辖地级市莆田市，并析莆田县的城厢镇和城郊公社成立城厢区，析莆田县的涵江镇和涵江公社成立涵江区。莆田市下辖莆田、仙游二县和城厢、涵江二区。从辖地来说，实际是又回归到兴化历史的原来范围。1988 年 6 月，析莆田县的湄洲乡建立省级湄洲岛对外开放旅游经济区。

1992 年 10 月，成立湄洲岛国家旅游度假区，设立管委会，为
市人民政府派出机构。1996 年 8 月，析莆田县沿海 8 个乡镇
128 个行政村（居委会）设立省级的湄洲湾北岸经济开发区。
莆田市现行政区划设置为：仙游县、荔城区、城厢区、涵江
区、秀屿区、湄洲湾北岸经济开发区和湄洲岛国家旅游度假
区。

仙游县总面积 1815 平方公里，辖鲤城 1 个街道，榜头、
枫亭、郊尾、度尾、鲤南、大济、龙华、赖店、盖尾、钟山、
游洋、园庄 12 个镇和西苑、石苍、社硎、书峰、象溪 5 个乡，
县人民政府驻鲤城镇八二五大街。荔城区总面积 269.66 平方
公里，辖镇海、拱辰 2 个街道，西天尾、新度、黄石、北高 4
个镇，区人民政府驻荔城区县巷 63 号。城厢区总面积 509 平
方公里，辖龙桥、凤凰山、霞林 3 个街道，常太、华亭、灵
川、东海 4 个镇，区人民政府驻城厢莆厦路 324 国道旁。涵江
区总面积 752 平方公里，辖涵东、涵西 2 个街道，三江口、白
塘、国欢、梧塘、江口、萩芦、白沙、庄边、新县 9 个镇和大
洋一个乡，区政府驻兴涵大街。秀屿区总面积 390 平方公里，
辖笏石、东庄、东峤、埭头、平海、南日 6 个镇和月塘 1 个
乡，区人民政府驻笏石镇。湄洲湾北岸经济开发区总面积 104
平方公里，辖山亭、东埔和忠门 3 个镇，管委会驻山亭镇。湄
洲岛国家旅游度假区总面积 14.35 平方公里，辖湄洲镇，管委
会驻湄洲镇。

二　风云人物

1　余善身殉越王台

汉代越王台遗址位于莆田市涵江区白沙镇马洋古院山。《游洋志·山川志》："越王山，在（兴化）县南广业里，又名越王台。"史载，西汉建元六年（前135），东越王刘郢"不奉汉廷正朔"，意图自立。刘郢死后，其弟余善继任东越王，据守闽中东越之地。元鼎五年（前112），南越丞相吕嘉反汉，汉武帝命余善带兵八千人，从海路跟从楼船将军杨朴攻打南越。因海上遇大风误期，武帝欲兴师问罪，余善便于次年反汉，自立为帝，封驺力等为"吞汉将军"，攻入白沙、武林、梅岭，杀汉三校尉。汉武帝围攻东越，余善败走闽中，驻扎马洋古院山。汉将朱买臣率军追至莆田，重重围住越王台。余善率部奋勇抵抗，终因寡不敌众而败逃。他把宝剑投入东麓池塘，后此地名为"剑池"。朱买臣捕获余善后将他斩首，头颅悬挂在越王山南麓树上示众。余善大将骁力不肯屈降，跳潭殉难，今东泉村有"将军潭"。1993 年，在马洋村（今宝阳）发现一大石槽，刻有"越"字样，当是东越王余善在莆田的实物见证。

越王台

2 开莆来学三兄弟

西晋"永嘉之乱"时，衣冠南渡，中原大批士族纷纷南迁，有"八姓入闽"之说。许多士族进入莆田，使莆田人口、经济、社会、文化发生了巨大变化。莆田昌盛文风的开启者，为郑露三兄弟。郑露，字恩叟，梁陈间与族弟郑庄、郑淑由侯官经永泰到莆田。在南山之麓的南湖畔构筑湖山书堂以讲学，教化郡人，人称"南湖三先生"。莆田人历来认为"莆之衣冠文物，实自郑氏兄弟开先之也"，"莆邑之称为'文献名邦'，实肇于陈代之郑露"。为纪念郑氏之功，后人在后埭街建"开莆来学"坊、在南寺（广化寺）口建"倡学闽南"坊。

3　一心为民陈知县

莆田置县时间一说始于陈光大二年（568），一说始于隋开皇九年（589），事实是莆田置县经多次反复后于唐时才稳定下来。早期的莆田知县没有留下姓名。史籍记载的第一位莆田著名知县是陈迈。陈迈，字斯伍，号元一，河南颍川人，隋炀帝大业十二年（616），陈迈领泉州兵马镇守莆田。唐高祖武德二年（619）自领莆田令。武德五年（622）唐军入闽，平定闽中诸郡，恢复莆田县建置。陈迈被正式任命为莆田县第一任县令，加车骑都尉。因爱莆田山水之美，陈迈任满后，定居于莆城内刺桐巷，成为陈姓入莆始祖。陈迈治理莆田时，一方面建城设署，一方面处理军务与政务。他重视农业，兴修水利，发展生产；重视交通，促进商贸，发展经济；设立学堂，教化民众，发展教育；重视文物，修建越王台。在陈迈的治理下，莆田社会安定，人口增多，生产力得到发展，上缴的税收逐年增加，莆田也成为上等县。他去世后，民众在县衙的东边建"兵马诚应社"以奉祀，后来又建"崇功祠"，春秋祭祀。

4 闽省进士第一人

唐末五代始，就有人认为福建第一位进士是神龙二年（706）登科的长溪（今福安）人薛令之，也有人认为是贞元八年（792）的进士欧阳詹，但史实是莆田人金鲤才是福建第一位进士。明代《游洋志·人物》载："金鲤，字伯龙，清源东里白鹤人，登武德二年庚辰进士第。"古兴化清源东里白鹤，就是今天的涵江区新县镇白鹤村。按武德三年才是庚辰年，所以金鲤中进士的时间为公元620年。清徐松《登科记考》则考证认为武德三年进士录中无金鲤之名，所以金鲤应是武德六年（623）的进士。可见，金鲤比长溪进士薛令之早80余年，比闽南第一进士欧阳詹则早160多年。金鲤中进士后，曾担任司徒，封吴国公。贞观十八年（644），金鲤曾劝谏唐太宗不要亲征高丽，金鲤云："天下甫定，而远人是校，恐百姓闻之而解体也。"唐太宗回答道："卿言当矣，但今事势固不容以自止矣。"后来金鲤辞职回乡，隐居故里白鹤山。唐太宗曾题赠诗云："黄龙漈里黄龙戏，白鹤山前白鹤栖。弘景可怜虚宰相，岂将薇蕨问夷齐。"

5 水利名人唐宋多

莆田南北平原历史上曾经是浅海和滩涂地带，到处斥卤，难以耕种。因此早在初唐时，莆田人就兴修了诸泉、沥浔、永丰、横塘、国清、瀫洋六塘，但蓄水泄洪能力有限。唐神龙年间（705～706），莆田人吴兴捐资率众在杜塘（今西天尾镇霞尾村）建筑延寿陂，堵截溪水，开大小 60 多条新沟，垦造北洋水田万余顷。又在上游辟长生港以分洪，在杜塘开水道通往海埔，利用天然瓮河为塍，拦水入洋，使得北洋全部被垦为良田。传说吴兴建延寿陂时，溪中有一条蛟龙时常威胁民众，影响筑陂工程。吴兴毅然手提宝刀跳入溪流，斩杀蛟龙。在与蛟龙的搏斗中，吴兴自己受伤过重丧身溪流。因鲜血染红溪水，因此有"赤溪"地名。又有吴刀、漏头、吴公潭、吴公等地名，相传都是为纪念这位水利英雄的。

为莆田南洋平原开发作出了卓越贡献的第一位水利官员是唐代的裴次元。裴次元（？～820），祖籍河东解县洗马川（今山西运城洗马川），贞元初中进士，贞元四年（788）又举贤良方正科，授礼部员外郎。唐元和六年（811），裴次元以太府卿身份出任福建都团练观察处置使（简称"福建观察使"）兼御史中丞。元和八年（813），裴次元莅莆视察，觉得水利对莆田极为重要，于是组织民众在水南红泉界（今黄石镇附近）筑红泉堰，开垦造田 322 顷，岁获数万斛，以作军粮储备。裴氏倡筑的镇海堤全长 3.4 公里，人称"闽邦第一堤"。它把饱受海潮侵浸的壶公洋开发成一年三熟的南洋平原，其功至伟，后来民众在红泉界立庙奉祀。镇海堤现为全国重点文物保护单位。

宋代，木兰溪两岸的兴化平原，频遭上游冲下的洪水和下游漫上的海潮侵害，百姓深受水患之苦。北宋治平元年（1064），长乐县年轻女子钱四娘携巨资来莆资助木兰陂截流筑堰工程。在民众的共同努力下，工程进展顺利，可是因选址问题和洪流突变，初建起来的陂堰很快就被山洪冲垮，功亏一篑。钱四娘悲恨至极，投水以身殉陂。此后，与钱四娘同邑的进士林从世又携金 10 万缗来莆继续帮助筑陂，但仍未成功。熙宁八年（1075），侯官人李宏又参与捐资筑陂。他总结了前两次失败的教训，在僧人冯智日等人的帮助下，重新勘察选址，经过 8 年的苦心营建，元丰六年（1083），木兰陂终于筑成。工程分枢纽和配套工程两大部分。堰坝用数万块千斤重的花岗石钩锁叠砌而成，这些石块互相衔接，极为牢固，经受了900 多年来无数次山洪的猛烈冲击，至今仍然完好无损，造福莆田百姓。

宋代水利工程木兰陂

6 一门九牧荣后昆

闽中望族九牧林氏，源远流长。西晋黄门侍郎林颖次子林禄，于东晋明帝太宁三年（325）奉敕守晋安郡，从此定居晋安（今福州），成为入闽林姓始祖。林禄传十世到隋朝的林茂，担任右丞，由晋安迁居莆田北螺村（今西天尾镇林峰村凤林自然村）。又传五世而到林万宠。万宠于开元间担任饶阳太守，生有三子：林韬、林披、林昌。林韬的孙子林攒，唐德宗立双阙以旌表他的孝顺，时称"阙下林家"。林披在唐天宝年间授检校太子詹事兼苏州别驾，赠睦州刺史，又由北螺迁居澄渚乌石（今西天尾镇龙山村）。林披先娶郑氏，生五子：苇、藻、著、荐、晔，后续娶陈氏，生三子：蕴、蒙、迈，又

荔城区九牧林祖祠

再娶朱氏，生子薿。这九位同父异母的兄弟，多数擢明经、进士第，分别担任端州、容州、横州、韶州、通州、邵州、循州、雷州和福唐州刺史。因刺史古代也称"州牧"，因此世称"九牧林家"。九牧的子孙播迁海内外，后昆名人众多，如妈祖林默娘、民族英雄林则徐，皆出九牧林氏。

7　黄家兄弟两高僧

唐代，莆田延寿里黄巷（今涵江区国欢镇黄巷自然村）人黄文矩和胞弟黄耽章在父母逝世之后，舍家宅为佛寺（即国欢寺）。兄弟二人先后出家，又均成为著名高僧。

文矩，字崇法，法号涅槃、辟支，谥妙应禅师，于唐大中六年（852）创建石室岩精舍。传说妙应曾在石室岩驯伏两只老虎，因此人称石室岩为伏虎岩，妙应为"伏虎祖师"。中和元年（881）妙应在囊山之麓创建延福院，光启二年（886），闽王王审知闻知妙应的异迹道行，奏请唐廷，升院为寺，僖宗赐匾，称"囊山慈寿禅寺"。妙应"性通九流之门"，精研医术，又善相地脉，著有《博山经》。光化元年（898）圆寂后，宋崇宁三年（1104）加封为"圆智大师"。

妙应俗家胞弟耽章（840～901），字崇精，法名本寂，幼习儒学，19岁出家福清灵石山，25岁受具足戒。后来主要在江西抚州曹山修禅，与洞山良价禅师同创南禅一派，世称曹洞宗，耽章也被尊称为曹山本寂禅师，著有《抚州曹山本寂禅师语录》二卷传世。

8 纳土归宋陈洪进

陈洪进（914～985），字济川，仙游枫亭人，出身贫寒，少时以才勇闻名乡里，青年时，应募从军，为泉州将领留从效部属。因军功，升任副兵马使、建州马步行军都校。后汉乾祐二年（949），陈洪进升统军使，与统军副使张汉思同掌兵权。宋建隆三年（962），留从效病逝。陈洪进推举张汉思接替留从效，自己担任副使。乾德元年（963），陈洪进夺张汉思之权，正式主政闽南泉、漳地区，改革田赋，兴修水利，推进经济发展。宋朝建立后，陈洪进审时度势，于乾德元年派人赴汴京（开封）向宋太祖奉表称臣，表示纳土归宋的意愿，太祖下诏慰抚。此后，陈洪进向宋廷每岁进贡。乾德二年（964），宋太祖命改清源军为平海军，以陈洪进为节度使、泉漳观察使、检校太傅，赐号推诚顺化功臣，并以其子陈文显为节度副使、陈文颢为漳州刺史。太平兴国三年（978），陈洪进赴开封上《纳地表》，将泉、漳二州及所辖14县正式纳入宋朝版图。宋太宗赐其白金、绢帛，赠食邑，升陈洪进为武宁军节度使、同平章事，留京师奉朝请。雍熙二年（985），陈洪进病逝于开封，谥号"忠顺"，追封"颍川会稽东海南康王"。

9 乐善好施李制干

李富（1085～1162），字子诚，号澹轩，涵江白塘洋尾村人。建炎元年（1127），金兵南侵，南京（今河南商丘）、临安相继失陷，国家处于存亡之秋。蕲王韩世忠劝李富举兵勤王，他毅然捐献家财，在莆田招募义兵3000人，从海道扬帆北上，入长江，抵达前线，面见孟太后提出兴宋破金的谋划，太后把义兵划属韩世忠，李富任承信郎。李富随后收复建州，攻克大仪，屡立战功，金兵败回北方。宣抚使张渊赏识李富的才略，荐其任殿前统制司干办公事官（简称"制干"）。李富上书朝廷，陈述抗金策略，但被奸臣秦桧压制，降了职。李富感到奸臣当道，报国雄心难以实现，于是托言母亲年老，辞官归养。李富在家乡乐善好施，捐家财在县内修筑海堤，围垦造田，建筑大小桥梁34座，在城南官道旁建凉亭两座，又捐资修建兴化军学，重修囊山寺、重兴寺和满月院。李母黄氏舍梅峰100多亩地建梅峰寺，李富在寺畔建卧云轩和梅峰书院，聚徒讲学，培养人才。李富还是一位理学家，著有《春秋注解》和《澹轩集》等书。

10 文章初祖黄文江

黄滔（840～911），字文江，莆田城内前埭（今荔城区东里巷）人，是黄姓入莆始祖唐桂州刺史黄岸的六世孙。他于唐乾宁二年（895）登进士第，授国子四门博士之闲职。终因唐末国事无望而致仕归闽，被闽王王审知招封为威武军节度推官。黄滔一生"读万卷书，行万里路"，是一位能诗、能文、能赋、博学多才的文学家。他生于晚唐，一生颠沛流离，怀才不遇，与中原名儒交往甚笃，这使他的诗文在一定程度上展现了晚唐多事之秋的凄凉景况，有人评他的作品"贯穿了我国古代自《诗经》以来的现实主义精神"。他在写作过程中，一丝不苟，留下了许多佳篇名句，如"青山寒带雨，古木夜啼猿"，寥寥数笔，勾勒出一个凄清空明的境界；"一声初触梦，半白已侵头""寺寒三伏雨，松偃数朝枝"等，均堪称佳句。南宋著名诗人杨万里评黄诗"诗至唐而盛，至晚唐而工""御史公之诗尤奇"。黄滔被誉为"闽中文章初祖""福建文坛盟主"，当之无愧。

11 多才多艺蔡君谟

蔡襄（1012～1067），字君谟，原籍仙游枫亭东垞村，后迁居莆城蔡垞村，北宋天圣八年（1030）进士，历任知谏院、直史馆、知制诰、龙图阁直学士、枢密院直学士、翰林学士、端明殿学士以及福建路转运使，泉州、福州知州，开封、杭州知府等，卒赠礼部侍郎，谥"忠惠"。蔡襄多才多艺，既是一代名臣，又是著名的诗人、书法家、茶学家。他为人忠厚、正直，讲究信义，学识过人，主持建造了中国现存年代最早的跨海梁式大石桥——泉州洛阳桥。他督造小龙团茶，撰写了《茶录》；所撰《荔枝谱》是一部对福建荔枝的栽培、服食、加工和品种进行专门论述的科学著作。蔡襄的艺术成就则主要体现在书法方面，其书浑厚端庄，淳淡婉美，自成一体，与苏轼、黄庭坚、米芾并称为"宋书法四大家"。除书法作品外，还有《蔡忠惠文集》等著述传世。

12 理学史学二名家

宋代的莆田理学家以林光朝为最著名。林光朝（1114～1178），字谦之，号艾轩，莆田县连江里（今荔城区黄石镇定庄）人，南宋时期的理学大家，他专心圣贤之学，动必以礼。早年得理学名儒周敦颐濂溪学派真传，在红泉宫（今黄石镇东井）办"红泉义学"，招收四方学子。每年各地有数百人拜于其门下，其学派被称为"红泉学派"，林光朝则被人尊称为"南夫子"。林光朝在授课中，把平生所学，包括精细之意口授学生，使之心领神会。淳熙四年（1177），宋孝宗曾亲临国子监听林光朝讲解《中庸》，赞不绝口，面赐金紫，并升任他为中书舍人兼侍讲。林光朝著有《艾轩文集》《易解》《中庸解》《庄子解》等著作，其中《艾轩文集》在清代被收入《四库全书》。

南宋的郑樵则是史学大家。郑樵（1104～1162），字渔仲，号夹漈，南宋兴化县广业里下溪（今涵江区白沙镇霞溪村）人，著名史学家、目录学家、文学家。他一生不应科举，立志读遍古今之书，刻苦力学30年，毕生从事学术研究，在经学、礼乐之学、语言学、自然科学、文献学、史学等多方面都取得了辉煌的成就。郑樵一生专心著述，共有著作80多种，他自言"山林三十年，著书千余卷"，但流传下来的仅有《通志》《夹漈遗稿》《尔雅注》《诗辨妄》《六经奥论》等。《通志》是郑樵的代表作，该书共200卷，分传、谱、略三部分。

20 略共 52 卷，是全书的精华。郑樵的学术思想主要是汇通、求是和创新。他开创了中国历史上的多个第一，如第一个以山林穷儒身份依靠自己成为名垂千古的伟大史学家；第一个发出"《诗》《书》为可信，但不必字字都信"的破除迷信、解放思想的号召；第一个强调学习自然科学知识与学习儒家经典一样重要；第一个倡议建立翻译学，吸收外来先进文化和传播中华文明。郑樵是中国历史上一位具有世界影响的大史学家。

夹漈草堂郑樵雕像

13 文坛宗主刘克庄

刘克庄（1187～1269），字潜夫，号后村居士，莆田城内北门后村（今英龙街）人，是南宋著名江湖诗派领袖和文坛宗主，也是一位著名的爱国词人。他早年师事真德秀，嘉定二年（1209）以父荫入仕，历官靖安县主簿、建阳知县。宝庆三年（1227）因"落梅诗案"获罪，主管仙都观，改通判潮州、吉州。后出知漳州，改知袁州。淳祐六年（1246），赐同进士出身，历官秘书少监兼国史院编修、实录院检讨官。景定三年（1262）权工部尚书兼侍讲。咸淳四年（1268）授龙图阁学士。卒谥"文定"，著有《后村先生大全集》196卷。刘克庄有诗作5000多首，词作200多首。其中咏梅的诗词特别多，无人可及。他一生针对南宋"国脉微如缕"的现状，写下了大量抒发感慨的不同题材的诗篇，其爱国之心"似放翁"，高洁之志"似稼轩"，身品一如梅花。在任建阳县令时作《落梅》七律，因诗中有"东风谬掌花权柄，却忌孤高不主张"之句，被谏官李知孝等人指控为"讪谤当国"，刘克庄因此获罪郁郁不得志达八年之久，曾自谓"却被梅花累十年"。端平元年（1234）理宗亲政后，刘克庄复出。胡适曾在《白话文学史》中评刘克庄的作品"有悲壮的感情，高尚的见解，伟大的才气"。

14　叔侄忠贞垂史册

宋末莆田人陈文龙是与文天祥齐名的民族英雄。陈文龙（1232～1277），原名子龙，莆田玉湖（今荔城区阔口村）人，咸淳四年（1268）中状元，度宗为之改名文龙，字君

赉，授镇东节度判官。文龙生当大厦将倾的宋末，咸淳九年
（1273），元兵直逼临安。时任监察御史的陈文龙力主抗元。
德祐元年（1275），张世杰、文天祥兵败，元兵长驱至临安
北关，陈文龙主张"收拾残兵，出关一战"，但朝议不一。
德祐二年（1276），元军攻陷临安，恭帝投降。同年五月，
益王赵昰在福州即位，即端宗，改元景炎。文龙被任为参知
政事。景炎元年（1276）十一月，福州陷落，端宗乘船逃往
广东。陈文龙回到兴化，尽散家财招募义军。他不但严词拒
绝元军的劝降，还在囊山寺设伏，以不足三千的兵力连挫元
军。十二月，因部将林华叛变，通判曹澄孙开城投降，陈文
龙寡不敌众，力尽被擒。文龙被擒后押解经福州至临安，在
绝食多日拜谒岳庙后吞香灰自尽。陈文龙之母被元军关押在
福州尼姑庵里，也不屈而死。叔父陈瓒在莆继续抗元，发誓
道："侄不负国，我不负侄！"兵败后被车裂殉国。陈氏一门
忠烈，百代流芳。在福州，陈文龙被封为水神"水部尚书"，
在莆田，民众在城隍庙左建二忠祠，合祠致祭陈文龙、陈
瓒。

15 江南豪士林济孙

林济孙（1315~1365），字石友，号凤梧，仙游孝仁里傅
围（今赖店镇罗峰）人。元朝于皇庆二年（1313）恢复科举，
传说林济孙于至元元年（1335）状元及第。返乡时，见香田
里（今郊尾镇）芹林风景优美，土地肥沃，水源丰富，遂栽

下两株樟树，作为子孙繁衍的标记，后人称为"状元樟"（今尚在），还亲笔题"芹林家庙"（后其次子林天相迁居芹林，将其手书制为匾额，挂在宗祠）。林济孙状元及第后，被授翰林院修撰，不久升侍讲。当时，全国各地饥荒不断，社会动荡，济孙向元廷上《治安十策》，元顺帝赞赏济孙的才能，称之为"江南豪士"。至正三年（1343），济孙奉命与欧阳元、吕思同修编宋、辽、金三史。至正十一年（1351），上《治河十策》，受命主持疏通黄河南出海口，恢复旧河道，一举消除北岸水患。大功告成后，升任河北六府通议官。至正十四年（1354），其母去世，他回家守孝三年。朱元璋领导的起义军攻下金陵（今南京），各地反元势力蜂起，济孙见元朝大势已去，遂绝意仕进，终老故乡。明成化十年（1474），仙游知县黄灿特立"状元坊"以为纪念。

16 俞良甫版传日本

莆田人最早东渡日本的是仁德里俞里（今西天尾镇俞里村）人俞良甫。俞良甫是一位优秀的雕版刻书家。元末，闽中地区屡发兵乱，民不聊生，而当时日本却大力发展汉学"五山文化"，盛行翻刻汉籍。至正二十七年（1367）俞良甫同福建籍刻工20多人（其中也有能诗的陈孟荣）东渡日本。他们由九州岛北部的博多湾上岸，寓居日本京都附近的嵯峨，从事版刻事业。良甫先后刻印有《春秋经传集解》《李善注文选》《昌黎文集》《唐柳先生文集》《陆放翁诗集》以及佛经、小学及讲本等几十种汉籍。俞刻之书，选本精良，刻工娴熟，字体隽秀，版面整洁，世称"俞良甫版"或"博多版"，深受日本各界的赞赏和喜爱。俞良甫还是一位爱国爱乡的华侨，所刻书均自署"中华大唐俞良甫学士"或"大明国俞良甫"，在《唐柳先生文集》刻本后自记："祖在唐山福州境界福建行省兴化路莆田仁德里台谏坊住人俞良甫。"俞良甫在日本20多年，教授了不少日本徒弟，为中日文化交流作出了可贵的贡献。

17 誓死抗清留气节

明崇祯十七年（1644）三月十九日，末代皇帝朱由检在煤山自缢而死，明朝灭亡。但在东南，仍有一大批忠臣义士，继续抗清复明事业，南安郑成功、莆田朱继祚等人就是其代表人物。朱继祚（1593～1648），字立望，号胤岗。莆田黄石横塘人，万历四十七年（1619）进士，官至礼部右侍郎。当唐王在福州即位后，改元隆武，召朱继祚为东阁大学士。朱继祚临危受命，毅然赴任。隆武二年（1646），他与黄鸣俊等朝臣护卫唐王率众北进江西。至汀州时，被清兵追杀，唐王遇害。朱继祚突出重围，同黄鸣俊一道奔返莆田，又与同乡余飐、林嵋、周沾、林兰友、林尊宾、王忠孝等谋划救国大事。十一月，桂王即位，朱继祚被授为东阁大学士兼礼部尚书，加太子太保。永历元年（1647），监国鲁王入闽，朱继祚起兵响应，率众抗清。次年正月，他协同郑成功部将杨耿浴血奋战，收复了兴化城。同年三月，清兵大举反攻，兴化府城陷落，朱继祚兵败被捕。面对清兵，朱继祚视死如归，坚决不降，写下《绝命词》，与林嵋等人一起慷慨赴死。清乾隆四十一年（1776），清廷追谥其"忠节"。

林兰友（1594～1659），字翰荃，号自芳，祖籍莆田，迁居仙游枫亭。明崇祯四年（1631）登进士第，历官知县、监察御史、右副佥都御史、兵部尚书等。崇祯十七年（1644），林兰友被李自成农民军所执，他矢志不渝，虽受严刑酷拷，仍忠贞不贰，视死如归。清兵入关，农民军撤离北京，林兰友逃脱后离开北京，经由天津乘舟南下，漂泊在海上。清顺治二年（1645），南明唐王即位于福州，改元"隆武"。顺治三年（1646），清兵大举南下，明祚不继，但林兰友却与明朝旧臣王忠孝、唐显悦、林性深、黄骧陛、黄寅陛等人，组织义军在陆地与海岛继续与清军周旋。自清顺治五年（1648）秋林兰友携家眷先后寓居于厦门、南日、湄洲及平潭等地，至顺治十六年（1659）逝世，林兰友在海上抗清达12年之久，人称"海上孤忠"，其民族气节令人景仰。

18 清代廉直两清官

清代的彭鹏和江春霖是两位著名的廉直清官。彭鹏（1635～1704），字奋斯，又字古愚，号九峰，原籍莆田黄石横塘，后迁城内金桥巷。彭鹏为清顺治十七年（1660）举人，康熙二十三年（1684），选授河北三河知县。一上任，他就整饬吏治，改革陋规；轻徭薄赋，减轻农民负担；还修葺义学和学宫，振兴地方教育。彭鹏为官忠廉，为人耿直，疾恶如仇，当时有"彭鹏郭琇，劾人无救"的说法。他屡次开罪当朝权贵，被排斥出京，却忠直不改。康熙三十六年（1697）起，他连续三年被朝廷升用：先回京补刑科给事中，再任贵州按察使，后升金都御史，巡抚广西。在广西任上，省刑减税，弹劾贪官，积弊为之一清。康熙三十九年（1700），任广东巡抚时，他开仓赈灾，治吏恤民。直至去世前一年，还禁收私派银捐数十万两，并致力昭雪冤狱，开释无辜受诬者三百余人，备受当地民众拥戴，其政绩虽非轰轰烈烈，却是件件为民做实事。清代流传的著名公案小说《彭公案》，其主人公原型就是彭鹏。

江春霖（1855~1918），字仲默，号杏村，晚号梅阳山人，莆田萩芦梅洋村人，光绪二十年（1894）进士，历任翰林院检讨、武英殿纂修、国史馆协修，官至新疆道兼署辽沈、河南、四川、江南道监察御史。江春霖不畏权贵的监察御史生涯，最为世人所称道，人称"直声动天下"，林纾所作墓志铭中称江春霖为晚清"谏官第一人"。在担任监察御史期间，江春霖先后弹劾的对象有亲王、贝勒、军机大臣、尚书、侍郎、总督、巡抚，还有自己的顶头上司都御使。他刚正无私，所上奏折犀利敏锐，证据翔实、确凿。如当时庆亲王奕劻及其子农工商部尚书载振威权日甚，江春霖于光绪三十三年（1907）三月上《劾庆亲王父子疏》，弹劾奕劻父子以为奕劻祝寿为由大收礼物、结党植私。又如光绪三十四年（1908）九月，江春霖在《劾军机大臣袁世凯权势太重疏》中，直言袁世凯权奸窃国，列其罪状12条。当庆亲王与袁世凯朋比为奸、贪赃枉法、排斥异己之时，他上《劾庆亲王老奸窃位，多引非人疏》。江春霖也因此于1910年遭报复被贬官。归里平居的江春霖则热心公益事业，兴修水利、修桥铺路，泽惠乡梓。

19 壶山起义话黄濂

在19世纪中期至辛亥革命前后的半个多世纪中，福建沿海多个县均发生过群众捣毁教堂、打击传教士的事件，其中莆田黄濂领导的农民暴动影响最为深远。黄濂是莆田沿海三十六乡洋面村人，热心为乡人排解纠纷，因排行十六，人称"十六叔"。黄濂参加过孙中山领导的同盟会。1902年，黄濂组织沿海三十六乡农民抗捐，教会造谣说黄濂煽动农民造反，自称"十六皇帝"等，黄濂被通缉，1905年冬被捕入狱。官府欲以造反罪名置黄濂于死地，黄濂服麻药假装暴卒，待移"尸"监外候检时，连夜潜逃。

辛亥革命后，当时黄濂在莆田所面对的现实是"名民国，权实拥于官厅；号共和，祸更惨于专制；且百姓仍怕官厅，官厅又怕洋势；教堂遍布乡曲，美会尤为嚣张"。这时，又恰好发生北洋政府秉承洋人旨意派兵下乡强铲烟苗一事。黄濂抓住农民与北洋政府矛盾激化的时机，于1912年端午节在壶公山上聚众起义，发布《临时大元帅黄濂布告》昭示天下。同时，在莆田沿海几个主要山头，如青山、五侯山等燃起烽火响应。黄濂宣告起义后，8月29日，兴化府知事佘文藻，率队进攻

壶公山,被打退。福建都督孙道仁派新军孙葆蓉团赴莆镇压,
但先后两次进攻壶公山均无功而返。12月18日,黄濂义军突
袭仙游县城东门,入城安抚百姓,开仓济贫。次日,为避开官
军反扑,黄濂主动退出仙游县城。回师莆田后,黄濂在沿海一
带与官军周旋作战达三个多月。1913年5月4日,黄濂率部再
次攻入仙游县城。进城后他着手受理诉讼,在文庙宣传起义宗
旨,为民排解纷争。不料,黄濂却于此时一病不起,义军遂于
5月16日率部撤回莆田。黄濂病逝后,群龙无首,起义失败。
但他在闽中南地区影响很大。黄濂部众后来在"护法运动"
中重组成民军,积极参加反对北洋军阀的战争。

20 小教上书毛主席

李庆霖(1929~2004),原是莆田县城郊公社(今城厢
区)下林小学教师。1972年12月,李庆霖向毛泽东主席寄
去一封长达2000多字的信。信中陈述了儿子和其他上山下乡
知青的生活困境以及上山下乡运动中出现的一些问题。1973
年4月25日,毛泽东主席读了由王海容转交的李庆霖的来信
后,深受触动,当即让时任中共中央办公厅主任的汪东兴,
从自己的稿费中取出300元寄给李庆霖,并附上复信:"李庆
霖同志:寄上三百元,聊补无米之炊,全国此类事甚多,容
当统筹解决。"1973年6月10日,中共中央下发《转发李庆
霖来信和毛主席的复信》的21号文件,6月22日至8月7
日,国务院又召开了几场全国知青上山下乡工作会议,全面

调整知青上山下乡政策。不久李庆霖被誉为"反潮流英雄"，并提任莆田县革委会教育组副组长、莆田县"知青办"副主任，第五届全国人大代表、人大常委会委员、国务院知识青年领导小组成员。1976年11月李庆霖被隔离审查，1977年11月正式被捕入狱，1979年被判处无期徒刑，1994年8月提前出狱，2004年病逝。

三　信仰习俗

1　先有广化后兴化

　　莆田有谚语："未有兴化，先有广化"，说的是广化寺之建在兴化设郡之前。传说南朝郑露创立湖山书堂后，一天夜里，有"神人鹤发麻衣，夕见于堂，请为佛刹"。陈永定二年（558）庚申月，郑氏兄弟舍宅建"金仙庵"，此庵遂成为莆田的第一座佛寺。金仙庵后改院，隋开皇九年（589）金仙院又升为金仙寺，为天台宗道场，住众大增。唐景云二年（711），金仙寺上座僧志彦律师奉诏入宫，讲解《四分律》，睿宗御赐"聪明律师"称号。因志彦律师向睿宗奏报无际持诵《妙法法华经》，有"感石上涌白泉，僧殁而泉变清"之异，睿宗遂赐寺名"灵岩寺"，并命书法家柳公权题写"莆山灵岩寺"大匾。从此灵岩寺成为名扬天下的律宗道场。宋朝时，南山共兴建了二寺、十院、一百二十庵。宋太平兴国元年（976），太宗赐额"广化寺"，并修缮庙宇，使之"檐楹相摩，轩宇层出"，此时离兴化军的设置尚有三年。

莆城南山广化寺

2　妈祖文化传四海

妈祖文化发祥于莆田湄洲岛。妈祖即林默，又名林默娘，是莆田望族九牧林的后裔，生于宋建隆元年（960）三月二十三日，卒于宋雍熙四年（987）九月初九。妈祖在世时，通晓天文气象，熟习水性。传说她能乘席渡海，还能"预知休咎事"，即会预测吉凶，事前告知船户可否出航，附近海域的渔舟、商船常能得到林默的救助，人们称她为"神女""龙女"。

28 岁那年，妈祖在湄洲羽化升天，百姓传说常见她身着红装，在海上救助海难，乡亲们感其无私的精神，就在岛上建庙奉祀她，这就是今天的湄洲妈祖祖庙。据史料记载，历代皇帝 36 次褒封妈祖，封号从夫人、天妃直到天后，民间尊其为天上圣母。当代，妈祖又被誉为"海峡和平女神"。目前，妈祖信仰已传播到世界 33 个国家和地区，信众有 2 亿多人，成为一种世界性的信仰。

湄洲妈祖祭典

妈祖信仰自宋代以来与莆仙民间习俗融为一体，莆田民间还保留着妈祖诞辰禁捕水族、湄女服饰、帆式发髻、龙舟挂彩、出海船上挂草席、九重米粿、换花换鞋求孕以及妈祖元宵、妈祖灯笼等与妈祖信仰有关的习俗。每年妈祖诞辰和妈祖升天日，全世界许多地方都要举行隆重的纪念仪式。妈祖祭典与黄帝祭典、孔子祭典并列为中华三大祭典。2009 年，"妈祖信俗"被联合国教科文组织列入《人类非物质文化遗产代表作名录》，成为全人类共同的文化财富。此外，"妈祖回娘家祭祀习俗"、文峰天后宫妈祖"三献礼"和涵江延宁宫妈祖蔗塔等项目也被列入福建省非物质文化遗产代表作名录。目前全国列入国家级文物保护单位的妈祖宫庙有 14 座，省级文物保护单位有 60 多处。

3 独具特色三一教

三一教，也称夏教，为明代莆田人林兆恩所创立。林兆恩（1517 ~ 1598），字懋勋，号龙江，道号子谷子、心隐子、常明先生、混虚氏、无始氏等，又被尊称为林子、三教先生、三一教主、夏午尼氏道统中一三教度世大宗师。林兆恩少时学儒，然屡试不第，遂绝意功名，转而潜心研究儒、道、释三教理论。嘉靖三十年（1551），林兆恩自称"路遇明师，授以真诀"，正式倡立三一教，作《九序图》，创"艮背法"气功疗法，救治当时兵灾后的瘟疫。嘉靖三十七年至四十二年（1558 ~ 1563）间，倭寇屡犯莆田，烧杀抢掠，罹难者"积尸盈野"，惨不忍睹。林兆恩变卖家产，先后六次组织门徒收尸安葬两万两千余具，其义举深受民众敬仰。林子著有《三教正宗统论》，以儒家的纲常伦理为"立本"，以道家的修身炼性为"入门"，以释家的虚空本体为"极则"。反对儒者热衷利禄，反对道教徒妄谈不死和丹药烧炼，反对佛教徒说生死轮回、因果报应。主张世间无鬼神，不谈妖说怪。在明代，他与泉州人李贽被正统儒者并称为"闽中二异端"，著作也一度被列为禁书。但三一教门徒众多，除在莆仙城乡广泛传播外，还传播至福州、闽南、台湾，近代更随着华侨的足迹传至东南亚许多国家，海内外信徒约有 30 万人。三一教是莆田妈祖信仰之外的另一个具有广泛影响力的民间信仰。

4　宗教信仰和谐处

莆田的外来正规宗教主要是汉传佛教和明末由西方传教士传入的天主教与基督教，但道教和民间信仰在莆田还是最为繁盛。唐代莆田就已兴建有道教玄妙观，道教中尊奉的玉皇大帝、关帝、东岳大帝、文昌帝君等广受民间崇祀。另外，民间信仰也发展迅速。莆田境内现有约 3000 座道教类宫庙，较有名的道教宫庙有玄妙观（保存主殿三清殿、东西岳殿）、壶山凌云殿、江口东岳观、兴化府城隍庙、平海城隍庙、黄石北辰宫、九鲤湖九仙祠等。

莆田民间宗教除三一教外，还有摩尼教、龙华教、金堂教、先天教等。莆田民间信仰多而杂，一个宫庙奉祀多尊不同教派的神明的情况比比皆是。莆田各朝代主要人格神信仰有汉代起源的壶公山的陈、胡二仙信仰和仙游九鲤湖的何氏九仙信仰；东汉末年兴起的道教神团信仰，如玉皇大帝、三清大帝、玄天上帝、注生大帝、五瘟神、五显神、五通神等。莆田民间还有地神崇拜，如城隍崇拜、灶神崇拜、土地神崇拜。先贤崇拜在莆田民间信仰中也占据重要位置，如江梅妃、吴兴、蔡襄、李宏、钱四娘、郑樵、陈文龙、陈瓒、魏升、张巡、杨五郎、岳飞、戚继光、张圣君、陈靖姑等。莆田各行各业还有行业祖师崇拜，如木工祀鲁班，商人祀赵公明、行医之人祀吴夲、戏班祀田公元帅等。"牙祭"是祖师崇拜的具体表现。

5　一年要过俩除夕

莆田市民间每年除了除夕的"做岁"外，在正月初四还普遍有"做大岁"的习俗。这个奇特的习俗来源与明代抗倭有关。据载明嘉靖四十一年（1562），倭寇侵犯莆田，并于十一月廿九日攻陷府城，大肆烧杀抢掠，盘踞城内 60 多天，于次年正月廿九日始弃城撤回沿海老巢。后来戚继光率军来兴化在莆田和仙游大败倭寇，倭祸才告平息。嘉靖四十一年除夕和四十二年的正月，百姓纷纷逃难，大家都没有"做岁"。二月始，人们才陆续返回家里。大家一面掩埋亲友的尸体，一面收拾破碎的家园。这时，年节已过，人们只得在二月初二那天互相探望之后，并于二月初四重新"做岁"，初五则补过"初一早"，以纪念这一段悲惨的日子。后来大家觉得在二月初四补"做岁"时间拖得太长，就改为正月初四"做岁"，因为除夕已做岁，所以把初四称"做大岁"。又约定正月初二日为探亡日，这天不能串门拜年或走亲访友。莆田"做大岁"习俗已被文化部列为"中国传统节日习俗保护基地"。

6 白额春联铭痛史

全中国的春联都是红色的，而莆田（包括福清新厝等莆仙方言区）的春联在红纸上端却留有一截约 10 厘米的白纸，俗称"联头"，这种带"联头"的春联就是白额春联，也称白头春联。相传顺治五年（1648 年）七月，清兵从抗清明军

民间白额春联

朱继祚部队手中重新夺回兴化府城后屠城示威，结果是全城许多人家因办丧事都在门上贴了白联。时至春节，清廷为粉饰太平，竟强令家家户户改贴红联。为了强迫民众执行这一命令，当局还派兵以杀头相胁迫。但按莆田的习惯，丧家未除服是不能贴红联的，因此人们不得已在贴红春联时，有意让门上的白联露出一截，以示抗议和对亲人的哀悼。后来为了纪念这一事件，就形成了春节贴白额春联的习俗。一些大户人家在装修门户时，同样也是在门上用油漆刷成白额对联。但现在，城乡盛行贴印刷的春联，已难见白额春联，只在沿海地区和一些乡村还保留着这一习俗。

7　特立独行莆仙话

莆仙话也称兴化话，即莆仙方言，内部可分为莆田话和仙游话两大腔调。莆仙方言流行于莆田市全境以及与莆田接壤的泉港区、惠安县、德化县、永泰县、福清市的一些村落，此外在闽东话地区的平潭、福鼎等县市以及广东、浙江、台湾等省份，都还存在一些莆仙方言岛。包括海外莆仙籍华侨，使用莆仙方言的人口约为500万。莆田本土莆仙方言处于闽南话和闽东话的包围之中，它吸收了两者的一些特点以丰富自己，呈现出一些过渡性方言的特征，却没有被同化，特立独行。莆仙方言是闽方言五大次方言之一，已无争议。

莆仙方言自成体系，特色鲜明。它较完整地保存了上古、中古汉语的一些语音特点，如"无轻唇音""无舌上音"以及文白读两套读音系统，还有独特的边擦音声母［ɬ］。词汇方面，也保存了一大批的古语词，如称"锅"为"鼎"、"书"为"册"、"桌"为"床"、"晚"为"晏"、"藏"为"园"、"踩"为"蹂"、"尝"为"味"（音卖）、"子"为"团"、"娘家"为"外家"、"亲戚"为"亲情"等。语法方面也有特点，如名词可以重叠，表形容；形容词可三次重叠，表最高级等。在口语、方言俚歌以及莆仙戏剧本中，还有许多俗语谚语，十分生动。莆仙方言是莆仙戏等民间文艺的载体，但目前面临日益萎缩的严峻现状，亟待保护和传承。

8 民间禁忌特色多

诸神并祀的文化特征长期影响着莆田人的日常生活，留下了诸多民间禁忌。这些禁忌中，有的带有浓重的宗教或迷信色彩，这里列举几则，作为民俗展示。如与中原崇尚"九"和它的倍数不同，莆田人年龄尾数是"九"的当年，被称为"现九"，对于上了年纪的男子，这一年据说是一个"坎"，因此，男子一般要在这年做大寿，称为"做九"，而不是其他地方的"逢十祝寿"。又如农历初一、十五这两个单日莆田人认为是好日子，也是礼拜神佛的日子，有"初一十五，出门不用问路"的俗谚；而农历初二和十六两个双日则受忌讳，因每月的这两天称为"牙日"（方言"牙"谐音"鳌"，有麻烦、不顺之意），所以认为出门或办大事会不顺利，最好避开，而经商之人和盖房之家为了求得顺利，则会在这两天祭拜神灵并宴请工匠，称为"做牙"。

　　日常禁忌如请客吃饭时，不可把筷子竖插在饭上，因为这就像"祭亡者"，是十分不礼貌的。若是第一次到别人家做客，主人"煮面"招待，客人即使肚子再饿，也不能全部吃光，而要留下一半，称为"留福余"。还有婴幼儿不可用手指指向月亮，否则耳朵会被"月娘"刀割，有《月娘阿姊》儿歌咏唱此忌。其他如小儿不能从女人晒的裤子下走过，否则不会长大；小儿不可对神祠宫庙撒尿，否则会遭神明惩罚等。但随着社会的发展，许多民间禁忌已日渐淡化。

四　文教艺苑

1　宋明科甲传佳话

莆田古代科甲鼎盛，共出过进士 2482 名，各类状元 21 人（包括文状元 9 人、武状元 2 人、特奏名状元 8 人、释褐状元 2 人），还有榜眼 7 人、探花 5 人。科举鼎盛期为宋、明两代，两宋开科取士 118 榜，其中有 98 榜皆有兴化军中第者。明代景泰四年（1453）癸酉科，全省录取举人 90 人，兴化府占 46 人；明嘉靖二十一年（1542）壬寅科，兴化府高中前 5 名，"一邑五经魁"传为美谈。据不完全统计，明代 88 科殿试，福建共有进士 2417 名，兴化府登进士第人数达 554 名（仅莆田县就占 510 名，位居当时全省乃至全国县级之冠，且遥遥领先于第二名），当时的兴化府户数仅占全闽的 6%，进士数却占了全闽的 22%。这种辉煌在我国科举史上都是极为罕见的。

莆田科举留下许多佳话。"十室九书堂，龙门半天下"

"一科两状元""四异同科""龙虎榜头孙嗣祖，凤凰池上弟联兄""兄弟同榜进士""父子同榜进士""叔侄同榜进士""一门五学士"等故事至今传扬。据载，宋神宗熙宁九年（1076），同时举行文举和武举考试，莆田人徐铎中文状元，兴化县清源西里人薛奕在武举殿试中也夺得第一（即武状元）。神宗皇帝赐诗赞云："一方文武魁天下，万里英雄入彀中。"南宋绍兴八年（1138），兴化一批举子前往临安应试，经省试、殿试后发榜，结果莆田人黄公度中状元、陈俊卿中榜眼，年纪最大的"榜尊"是73岁的林邓、年纪最小的"榜幼"是18岁的龚茂良，时称"四异"。此科莆田县士子金榜题名者多达14人，当时莆田有人制旗句赞云"枌榆未五里，魁亚占双标"。传说朝廷举办琼林宴时，高宗问状元黄公度和榜眼陈俊卿道："卿土何奇？"公度答："披绵黄雀美，通印子鱼肥。"举出莆田特产之奇。而陈俊卿则答曰："地瘦栽松柏，家贫子读书。"揭示了更深刻的内涵。高宗评说："公度不如卿！"正是"家贫子读书"使两宋的兴化军有正奏进士970多名、特奏进士640多名，占福建省进士总数七分之一强。出现了蔡京、蔡卞、蔡攸、叶颙、陈俊卿、龚茂良、郑侨、陈卓（莆籍）、陈文龙、黄镛等10名宰辅，徐铎、蔡伸、方大琮、刘克庄等16名尚书以及林光朝、蔡戡、陈谠、黄艾等22名侍郎，这些人对宋代的政坛产生了重大的影响。

元朝时实行的是严厉的民族歧视政策，民族矛盾和阶级矛盾严重，超过三分之一时间没有举行科举。以科举名世的莆田文化迅速式微。明朝建立，莆田社会、经济和文化才重新得到恢复。科举亦重现两宋盛景，仅莆田一县就共出文进士510名，不包括武进士和仙游县进士，高居全省第一。而且出现了许多科名盛事。如明万历年间，常州人张弘道、张凝道合著的《科名盛事录》《皇明三元考》二书中就收录有莆田县的科名盛事近20条。如：

兄弟元魁：林环中永乐丙戌（1406）状元，从弟林文中宣德庚戌（1430）探花。

兄弟同榜进士（三家）：（1）弘治庚戌科（1490）方良永、方良节。（2）正德戊辰科（1508）林橡、林樯。（3）嘉靖癸未科（1523）方一桂、方一兰。

父子同榜进士：景泰癸酉科（1453）进士林籽、林炯父子。

三代解元：黄寿生及曾孙黄乾亨，乾亨子黄如金分别是永乐戊子（1408）、成化甲午（1474）和弘治甲子（1504）解元。

叔侄解元：吴观和从侄吴棱分别为永乐庚子（1420）、成化庚子（1480）解元。

一县一年两解元：（1）永乐戊子科（1408），应天解元黄寿生和福建解元杨慈都是莆田人。（2）宣德壬子科（1432）顺天解元宋雍和福建解元林同又都是莆田人。

一县蝉联三科解元：明万历前福建解元蝉联三科皆莆人奇观重复出现过四次。（1）宣德丙午科（1426）林时望、己酉科（1429）李蒲、壬子科（1432）林同。（2）正统辛酉科（1441）方批、甲子科（1444）黄誉、丁卯科（1447）陈俊。（3）弘治甲子科（1504）黄如金、正德丁卯科（1507）林文俊、庚午科（1510）黄廷宣。（4）嘉靖己酉科（1549）黄士观、壬子科（1552）黄星耀、乙卯科（1555）黄懋冲。

一县解元之盛：莆田自明初至万历时，中解元者达32人，为全国之冠，有人赞云："解元如莆田盛矣，无以加矣！"

明代莆田其他科举佳话尚有：一县同年五乡魁、三代进士（二家）、三代科第（三家）、四代科第（三家）、五代科第、六代科第等。

2　兴学之风历世传

莆田科甲之盛与重教兴学的传统分不开。南朝梁陈时，郑氏三兄弟在凤凰山麓创建湖山书堂，开创了莆田教育之先河。中唐时，莆田、仙游两县先后建立县学，是为最早的官办教育。宋代兴化官学"雄冠一时"，有军学、县学，元代改为路学，明清改为府学。明正统年间，莆田还设有平海卫学，培养了不少人才。

历史上的书堂（含精舍、书斋、书轩）、书院亦不少。原莆田县唐代有名的书堂有湖山书堂、澄渚书堂、福平书堂、灵岩精舍、北岩精舍等，所谓"十室九书堂"就是对当时书堂林立的形容。南宋书院兴起，莆田的著名书院有梅峰书院、涵江书院，后者是兴化知军杨栋和涵江镇官郑雄飞创建的，为当时全国22所著名书院之一。同时建有孔庙，理宗皇帝曾亲书赐匾"涵江书院"四个大字。元代有瑶台书院。明代有福建提学姚镆、兴化知府冯驯在东井书堂基础上重修的水南书院，还有闽阳、凌云、寿泽、立诚、兴安和钟山等书院。清代则有擢英、海滨、崇正、经天、瑶山、培元等20多座著名书院。

仙游县唐代有度尾东山书院，唐末进士杨在尧和南宋朱熹都曾在此讲学；宋代有枫亭会元书院，进士林迪在此讲学，陈洪进、蔡京、蔡卞都曾在这里读书。宋代还有双林、大飞等书院。学者陈易在麦斜岩创立东昌书堂，后学者郑樵将其改为夹漈书院。明代尚书郑纪改建的朝天书院，知县刘进建的紫阳书院，还有庄山、屏山等书院，都是仙游知名的书院。清代则有同兰、金石、崇德、麟山、龙山、书升等更多的书院。

兴化府学碑

清末，书院多被新式学校所代替，义塾改为私塾。"戊戌变法"后，美国教会在仙游创办了道德女学和模范小学，私人办学发展很快。光绪二十四年（1898）创办的培元西学堂（后改称哲理中学，即今莆田二中）是莆田第一所新式中学。光绪三十二年（1906），在江春霖的推动下，创立了兴化府第一所官立中学堂——"兴郡中学堂"。光绪三十三年（1907），全省共有小学堂113所，兴化府占26所，居全省之首。1944年，国民政府在仙游金石山上设立国立海疆学校，这是莆田高等教育的开始。

近代莆田学子怀着"民主科学救国"的理想，留学海外，到新中国成立前，莆田一县在外的留学生就有200多人，相对于人口所占的比例，位居全国第一。

当代莆田同样人才济济。据不完全统计，莆田人现有7000多位高级职称人才，还有近3000名莆籍专家学者寓居国外。先后入选中国科学院、中国工程院院士的莆田籍学者有15人（其中2人为两院双院士），他们是半导体材料学家林兰英、空间技术专家闵桂荣、空间返回技术专家林华宝、水利学与河流动力学家林秉南、有机化学家黄维垣、动物学家陈宜瑜、生物化学家刘思职、药品检定专家俞永新、加速物理学家陈森玉、精细化工专家杨锦宗、冶金机械专家关杰治、无机化学家洪茂椿、生物化学家林其谁、桥梁专家林元培、神经外科专家周良辅。

3 文献名邦著述丰

自中唐以后，莆田文人墨客云集，学者勤于著书立说。据莆田文史专家陈长城先生考证，单莆田一县历代记载有著作者唐代有16人、宋代251人、元代27人、明代465人、清代270人。著作数量是唐代25部，存12部；宋代2632部，存61部；元代60部，存6部；明代944部，存125部；清代470部，存132部。清代《四库全书总目》收录的莆仙作品合计117部1865卷，这个数量在福建省是首屈一指的，在全国也不多见。

"开莆来学"的名儒郑露也是莆田诗歌创作的鼻祖。《全唐诗》收录福建人诗作638首，其中莆田作者就有436首，唐代有黄滔、徐寅、翁承赞、林藻、郑良士等；宋代文学名家有蔡襄、刘克庄、王迈、蔡卞、郑樵、黄彻、方翥、陈俊卿、林光朝、龚茂良、郑侨、陈文龙等；元代较为著名的乡土诗人是洪希文和陈旅；明代柯潜、彭韶与黄仲昭被称为明中叶重要的台阁体闽籍诗人，林环、林文、郑纪、林俊、柯维骐、卓晚春、林兆恩、林润、陈经邦、曾鲸、宋珏、朱继祚、林兰友、黄幼藻等也都有诗文佳作传世。清郑王臣编有《莆风清籁集》60卷，收录1000多人的诗作3000多首，并附诗评《兰陔诗话》，它是了解莆田诗歌发展的重要文献。明代郑岳编的《莆阳文献》、清末涂庆澜编的《莆阳文辑》《国朝莆阳诗辑》也都是反映莆田诗文创作的总集。

另外莆田历代文坛还出现过众多闺秀才女。唐代梅妃江采蘋是福建第一位女诗人，9岁能吟诗，其《一斛珠》诗作曾被18世纪著名德国作家歌德由英文译为德文。宋代宰相蔡卞妻王氏（王安石之女）、文学家刘克庄之母林氏、古田尉陈筑之妻周氏、寓莆宗室赵庚夫之妻顾静华和元代国子助教陈旅之母赵氏等，均为知书能诗者。宋末仙游枫亭民女蔡荔娘哭祭其夫陆秀夫殉国的诔文，凄婉悲壮、感人肺腑。明代莆田留下姓名的女诗人有41位，如万历诸生杨人龙妻林淑，12岁时作《白燕双栖图》，脍炙人口；徐玉英、徐淑英和徐德英三姐妹皆擅诗，玉英作品已佚，《莆风清籁集》收淑英和德英诗各4首；黄幼藻是明后期一位著名的女诗人，《明史·艺文志》著录其诗集《柳絮编》，《莆风清籁集》录其诗10首。清代女诗人周庚及其庶母、二嫂俱能作诗，周氏著有《羹绣集》，录诗百余首；晚清时莆田城内的陈淑英（1808～1877）是一位著名的闺秀诗人，著有《竹素园诗集》4卷，并刊印传世。

4 书画名家若繁星

莆仙自古为书画之乡，历代书画名家灿若繁星。唐代有著名书法家林藻，宋代著名书法家是"三蔡"（蔡襄、蔡京、蔡卞）。明清则以画家辈出闻名，单张琴《莆田县志·画史》中收录的明清两朝的莆田县籍画家就有80人。明代书画名家辈出，代表人物有宫廷画家李在、"莆田派"篆刻鼻祖宋珏（比玉）、人称"莆中四绝"的曾鲸、吴彬、洪仲韦、黄允修。清代书画家也很多，如仙游画家朱官登，莆田书法家郭尚先、江春霖。近代莆仙则有李霞、李耕、林肇祺、黄羲、张琴、陈唐彬以及许英三、陈鹤、周秀廷等。其中李霞、李耕、黄羲开创了"李耕画派"，翰林张琴被人誉为"诗书画三绝"名家，李耕、周秀廷的多幅画作被人民

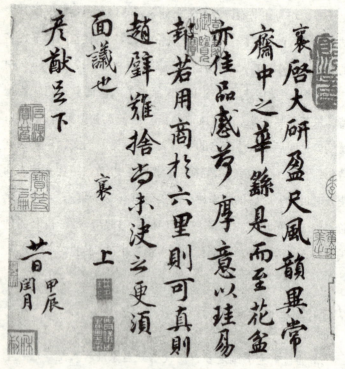

宋代蔡襄书法

大会堂收藏。

"李耕画派"的创立者李耕（1885~1964），字砚农，原名李实坚，号一琴道人、大帽山人等，仙游度尾镇中岳村人，出生于一个民间绘画世家，擅长古典人物、山水花鸟画，兼通书法、诗文、金石、雕塑、古琴等。其画气势雄健，挥洒自如，有"南李北齐（白石）"之誉。徐悲鸿评李耕道："有以奇拙胜者，首推李耕，挥毫恣肆，可以追踪瘿瓢，其才则中原所无！"李耕被誉为"20世纪中国古典人物画第一家"。他从事艺术实践60多年，用神妙的画笔创作了许多珍贵的艺术形象,尤以佛像画著称,山水花卉功力亦甚深。其作画笔法超脱老练,形、神、韵三者兼备,在国外尤其东南亚久负盛名。1925年,李耕在东南五省画展上,以《弥勒佛》荣获第一名。其代表作还有《东坡笠履图》《达摩》《十八罗汉图》《十六快》《四快图》《仙游十八景》等,另著有《菜根精舍》《画论》等理论著作。李耕德艺双馨,广收门徒,后人将李霞、李耕、黄羲开创的画派称为"李耕画派"。1960年,李耕等晋京为人民大会堂创作了《青松白鹤东方红》《万古长青》等巨幅作品。

5 田径之乡美名著

莆田近代田径运动,人才辈出,蜚声全国。它发端于清光绪三十二年(1906)兴化培元学堂(今莆田二中前身)的首届校运会。1919年,莆田人宋国祥入选中国代表队,参加在菲律宾马尼拉举行的第四届远东运动会。1921年,莆田城厢南门村学生吴德懋入选中国田径代表队,参加在上海举行的第五届远东运动会。同年11月,福建省举行第二届学校联合运动会,莆田籍运动员成绩突出:吴德懋获甲种个人总分第一名,黄淮钦获跳高和跳远第一名,吴锦湘获220码低栏第二名。而获跳高第二名的程天泗,后来又在1926年闽南十三县联合运动会上获得男子十项全能第一名。值得一书的是1947年冬,莆田体育协进会组织的"田径访问团"出访福州、上海、南京等地,以一县之师,击败这三大城市的强队,三战三捷,佳绩迭出,先后打破5项福建省纪录，刷新10项上海市纪录、14项南京市纪录，一时名震全国。1948年5月，福建省组成以莆田运动员为主力的代表队，参加在上海举行的第七届全国运动会，夺得了女子冠军两项、第三名两项和男子第五名两项，为福建队第一次获得全国田径总分第五名立下汗马功劳。新中国成立后，莆田县于1964年被评为全国"田径之乡"，1999年的莆田、仙游两县双获"全国体育先进县"和"田径之乡"称号。

6 戏曲舞蹈门类多

莆仙戏

莆仙戏原名兴化戏，是福建省五大地方剧种之一，也是我国最古老的剧种之一，它流行于莆仙方言区，并流播东南亚新加坡、马来西亚等华侨聚居地。莆仙戏可溯源于唐代的百戏，现存传统剧目近5000个，舞台手抄本8000多册，已整理出版《莆仙戏传统剧目丛书》23卷。莆仙戏传统剧目、音乐曲牌、行当角色与南戏关系尤为密切。现有剧目中，保留宋元南戏原貌或故事情节基本相同的剧目有81个，有剧本流传的有58个，约占目前已知的宋元南戏剧目244个的近四分之一，因此，莆仙戏被誉为"宋元南戏活化石"，2006年莆仙戏被列入国家级非物质文化遗产代表作名录，并正准备申报"世界非物质文化遗产"。

莆仙戏的行当旧时称"七子班"，即七个角色：生、旦、贴生、贴旦、靓妆（净）、末和丑，与宋元南戏的"生、旦、净、末、丑、外、贴"角色分工颇为相似。脸谱化妆有红、白、黑、蓝、绿、金各色，不同角色颜色不同。表演基本功集中在手、步、肩三个部分，要求头、身、腰的配合。莆仙戏的音乐十分丰富，拥有"大题三百六，小题七百二"的1000多个音乐曲牌和300多种锣鼓经，这是其他剧种所不及的。乐器保留有宋教坊"锣、鼓、吹"的伴奏形式。近年来，莆仙戏吸收了民间十音八乐元素，音乐更加美妙动听。新中国成立后新编的优秀剧目有《团圆之后》《叶李娘》《三打王英》《春草闯堂》《状元与乞丐》等；改编的历史剧目有《乾祐山天书》《新亭泪》《秋风辞》《晋宫寒月》等；现代剧目有《鸭子丑小传》等。莆仙戏剧院院长、名旦王少媛曾荣获中国第十七届戏曲"梅花奖"。

莆仙戏乡村演出

十音八乐

十音八乐是莆田传统民间音乐艺术。十音，俗称十番，因器乐、声乐和表演的综合艺术用十种乐器合奏而得名。八乐以十音为基础，加进唢呐和锣、鼓、钹等打击乐，另配有八人组成的管弦乐器伴奏队，故称八乐。十音的曲目有《北台妆》《鹧鸪天》等200多首。八乐吹拉弹唱兼有，但以演唱为主，其特点是锣鼓点渗透到唱腔中，乐声悠扬悦耳，表现出一种轻歌曼舞的情趣。八乐曲牌多选自莆仙戏的曲牌，常唱的有《卖画》《访友》《春江游船》《苏州歌》《江头金桂》等。演出曲目短小精悍，说唱灵活方便，不用搭台，街头巷尾便可演出，深受莆田百姓喜爱。每逢迎神赛社、婚丧喜庆或农事之余，山村海岛都活跃着十音八乐班的身影。荔城区黄石惠洋十音名闻一方，已被列入福建省非物质文化遗产代表作名录。

梆鼓咚

梆鼓咚也叫咚鼓咚、咚鼓、简鼓，其曲词民间称"乞食诗"，新中国成立后雅称"俚歌"，是流行于莆仙方言区的一种说唱曲艺，用莆仙方言演唱，以咚鼓（一种渔鼓）和简板为主要伴奏乐器，通过响鼓、边鼓、点鼓、闷鼓等方法敲出不同的鼓点，配以竹板击节产生感染力。早期演唱者以卖唱盲人为主。后来由于群众非常喜爱，也常在街头巷口、庭角楼前围坐说唱，渐渐变为群众自唱自娱、雅俗共赏的一种演唱形式。艺人在开唱前往往有一段技巧性很强的击鼓演奏，演唱结束时亦有一段收场鼓点。唱词是七言韵式，讲究押韵，逢双必押。

内容多来自戏曲故事、民间传说。现存曲目约百余种，有长篇叙事诗，也有短篇劝世歌。

车鼓

车鼓又写作伡鼓，民间俗称镲锣鼓，讹称草锣鼓，是莆田喜庆节日常见的民间文艺表演形式之一。传说车鼓起源于明朝莆田人民以车载鼓、欢迎戚家军入莆平倭寇的仪式。"镲锣鼓"就是由镲、锣、大鼓等几种打击乐器组成的大合奏。车鼓有行进式和固定式两种表演形式。表演时，车鼓手击打有序，铙手、锣手均受鼓手指挥。敲鼓帮，震鼓边，击鼓心，随着鼓槌的上下起落，花样的不断变换，左右开弓的熟练鼓手能敲出许多节奏不一的鼓点。鼓点激越、铙响铿锵，惊心动魄，表现出勇、猛、威、狂的英雄气概，彰显出百姓欢庆胜利的喜悦气氛。今天的车鼓队有男子组成的，也有女子组成的。涵江车鼓已被列入福建省非物质文化遗产代表作名录。

游灯

游灯以仙游枫亭的元宵游灯最富特色，它集民间灯艺、工艺美术、地方曲艺和民俗文艺表演于一体，如今更糅进了古代宫廷灯艺、历史故事、戏剧艺术和现代科技。枫亭元宵游灯习俗始于宋代，活动时间在每年农历正月十三日至十七日。现在的游灯，开始要先鸣礼炮三响，鸣锣清道，接着几十辆轿车和大型彩车上的高音喇叭歌声嘹亮；装饰精美的头牌主匾，华光耀眼，车鼓队声乐喧天；大红灯、手提灯、宫花灯、五色旗、龙虎旗、圣旗组成的仪仗队和灯架队阵容壮观；十音八乐队、女子腰鼓队则奏出古雅悠扬的乐曲；异彩纷呈的蜈蚣灯、松树

灯、宝伞灯、水族灯、莲花灯、花篮灯、蝴蝶灯、鸽子灯、蜻
蜓灯、凤凰灯、菜头灯各色彩灯，争奇斗艳。还有各类小戏以
及棕轿舞、皂隶舞、舞龙、舞狮等表演为游灯助阵，把杂技表
演艺术融入了用人抬扛、拉运的彩架上，灯艺精品与民俗文化
活动相融合以及空间的流动性是枫亭元宵游灯的主要特色。

九鲤灯舞

九鲤灯舞源于唐代的"百戏"，时常出现在莆田乡村元宵
等迎神节日。九鲤灯舞因舞弄九种鱼灯而得名，但这九种鱼灯
并非都是鲤鱼，而是九种不同的水族：蛟、鳌、鳜、鲈、鲖、
鲤、鲫、花鱼和金鱼。九种鱼灯肚底均装有木柄，鱼灯内点燃
烛火，灿烂绚丽。灯舞整套舞蹈亦有特定身步、技巧、阵法和
程序，配乐则以打击乐为主。舞队以手持鱼灯的九人为主，并
配有五人手持火把，四人肩扛龙门。舞动时要表现出水族们抢

九鲤灯舞演出

龙珠、跃龙门的情形。舞者身穿古代服饰，脚踝各系两只小铜铃，随着打击乐节奏舞动，模仿不同水族游动的姿势，分为嬉游、觅珠、围珠、抢珠、跃龙门等五段，其间要不断变换动作和阵形，粗犷而不失细腻，明快又兼有舒缓。九鲤灯舞已被列入国家级非物质文化遗产代表作名录。

九莲灯舞

九莲灯舞也被称为九莲花灯舞，是莆田"三一教"中为死者超度亡灵的祭祀舞蹈。最早流行于莆仙一带，后由三一教信徒向外传播，但凡建有三教祠的地方，基本都保留着这种舞蹈。此舞在夜间表演，地点一般选在大厅或广场。表演区称为"祭坛"，摆有10张供桌。表演者手执莲花灯绕桌而舞。莲花灯以细竹篾扎成灯胚，原来是糊上锡箔纸做的片片花瓣，现在则都已改用皱褶纹纸制作，内点烛火。表演时，舞者或大圈绕交套，或慢步徐行，或疾步如飞。灯随人舞，旋转不息；朵朵莲花，烁烁闪光，一似空中流霞，绚丽多彩；又如夏夜萤火，变幻莫测。九莲灯舞已被列入福建省非物质文化遗产代表作名录。

皂隶舞

皂隶舞是莆田一些地区元宵出游和游灯中作为迎接神驾的仪仗和娱神娱人的民间舞蹈，源于古代的傩舞。在莆仙戏传统剧目演出中也保留着这种舞蹈的基本样式。皂隶舞通常在神驾之前，以八人扮皂隶（莆仙方言称为"八班"），舞蹈表演时作四对而行，由请牌、开道、收牌三部分组成。基本动作有盘腿跳、左右跳步、左右望、左右摆等，横向流动线条较多，具有节奏鲜明、动作刚烈、粗犷豪放、古朴简练和造型优美等特征。此舞因带有宗教色彩的严肃性，代代相传，基本保持了原貌。皂隶舞以城厢区灵川东汾五帝庙和仙游枫亭麟山宫最为有名，后者已被列入福建省非物质文化遗产代表作名录。

高跷

踩高跷，莆仙话称"行柴骹"。莆田的民间高跷以荔城区黄石登瀛村高跷最为著名。登瀛高跷据说已有近千年的历史，它融莆仙戏、民间武术、杂技等元素为一体，演技表现形式独特。高跷队由50名村民组成，有老年人，也有儿童。队员们扮相俏皮，踩上高跷，个个如履平地。表演则时而粗犷剽悍，时而朴实奔放，时而诙谐逗趣。近年来，登瀛高跷队不断突破表演难度，目前最高的高跷高度已达到2.3米。他们还不断自编自演贴近农民的新节目，已经编排了《八仙过海》《龙王嫁女》《葵花舞》《祝寿舞》等精彩节目和《妈祖出巡》《观音送子》《西游记》等片段。登瀛高跷已被列入福建省非物质文化遗产代表作名录。

黄石登瀛高跷演出

7 民间工艺名远扬

木雕

莉田市的工艺美术在国内独树一帜，工艺美术人才灿若繁星，享有"工艺美术之乡""中国木雕之城""绘画之乡""中国古典工艺家具之都""中国木雕之城"等美誉。在工艺制作方面，仙游的木雕、黄石的石雕首屈一指，精品迭出。方文桃、佘国平等一大批工艺美术大师将传统绝技与现代创意完

莉田木雕妈祖神像

美结合，使莆田木雕的创作水平在全国名列前茅。目前全市拥有中国工艺美术大师4名，福建省工艺美术大师38名。2006年，莆田木雕被列入国家级非物质文化遗产代表作名录。

莆田木雕兴于唐宋，盛于明清，光大于当代，以"精微透雕"著称。唐初，莆田寺庙的建筑装饰、佛像等已有雏形雕刻工艺；宋元时代，莆仙所雕刻的人物、花卉等题材的围屏、栏杆、木雕古玩、乐器、家具等，已相当精妙。相传，北宋时五度为相的仙游人蔡京鼓吹"丰大豫亨"之说，大兴土木，追求豪华富丽，召家乡工匠把宫廷器具与书画工艺有机结合，制作出木雕家具，首开莆田派木雕家具工艺之先河。北京故宫博物院收藏的宋代名画《听琴图》的琴桌就是蔡京呈献给宋徽宗的兴化木雕家具精品。莆田市博物馆、莆田文峰宫都收藏有南宋妈祖神像，秀屿嵩山陈靖姑祖庙收藏有南宋陈靖姑神像。明代，莆田工匠发挥圆雕佛像、平雕建筑装饰等技艺，形成了造型简洁、明快清新的艺术风格。莆城明代大宗伯第的檐枋雕饰、御史大夫第的厅堂枋额雕饰等都是传世佳作。清代莆田木雕进入了辉煌时期，其结构考究、装饰华美、繁复厚重，一批传世作品至今仍闪耀着先人的智慧和厚实的文化积淀的光芒。匾额、围屏、祭器等木雕工艺品遍及城乡宫庙。清末著名匠师廖明山之孙廖熙擅长人物，兼精花卉雕刻，其佳作在1903年"巴拿马国际博览会"上荣获一等奖。北京故宫博物院尚存多件莆田匠师雕刻的"贴金透雕花灯"和"浮雕花窗"。传统木雕工艺是莆仙文化的重要组成部分，已被列入国家级非物质文化遗产代表作名录。

打金

莆仙方言称加工珠宝金银首饰技艺为"打金"。莆田的珠宝金银饰品产业历史悠久，技艺精湛，品类繁多，素有"金匠之乡""首饰之乡""珠宝之乡"和"模具之乡"之誉，如今则荣膺"中国珠宝玉石首饰特色产业基地""中国银饰之乡"称号。莆田自古地少人多，人民聪明勤奋，早期的莆田艺人凭着精巧手艺，走南闯北，不断吸收异地文化，提升工艺，从而树立了品牌。如今在全国经营金银珠宝首饰的莆田企业有 2 万多家，从业人员 20 多万，在全国黄金珠宝饰品行业中稳居龙头地位。金玉饰品中的"金镶玉"和"玉镶金"传统工艺就是莆田艺人的精妙特技，它们以图案吉祥、工艺精细、造型美观为世人所喜爱。2008 年北京奥运会金牌采用的就是"金镶玉"工艺，2010 年上海世博会的金镶玉特许产品则直接由莆田企业制造。"莆田传统金银首饰加工技艺"和莆田华昌的"金镶玉""玉镶金"传统技艺已都被列为市级非物质文化遗产代表作名录。

纸扎

纸扎又称糊纸、糊纸轿，是融剪纸、绘画、草编、竹扎和裱糊于一体的一门独特的民间绝活。纸扎制作迅捷，造价低廉，造型美观；肖佛肖神，肖人肖物，随心所欲。所扎的纸人、纸马、摇钱树、金山银山、楼台宅院、家禽家畜等主要用于祭祀、道场及喜丧习俗活动，在传统祭祀、丧俗文化中占有不可或缺的重要地位。涵江区梧塘镇松东村黄氏纸扎从清道光年间黄玉贤开始开设纸扎铺，传承至今已有六代，已被列入福建省非物质文化遗产代表代名录。如今，纸扎技艺不断提升改进，推陈出新，纸扎作品已提升为一种可供保存和欣赏的艺术品。2008 年 8 月 15 日至 22 日，北京天安门奥运广场举行"非物质文化遗产保护项目展演"等文化活动，莆田市有 10 多件纸扎作品应邀亮相，《西方三圣》获得精品奖，《妈祖》《关公》两件作品则被中国农业博物馆收藏。

涵江黄氏纸扎

留青竹刻

留青竹刻是一门融雕刻、书画、诗文、印章于一体的综合工艺，主要技艺有深雕、浅浮雕和留青。留青竹刻利用薄似纸张的竹皮（包括竹青、竹筠、竹底）的不同层次颜色，用刀法创造出立体与平面的结合，且特别注重刀法跟绘画相统一的艺术效果。其独特之处，就在于书画和雕刻的相互结合。城厢区的刘氏留青竹刻相传始于清乾隆中期的刘氏第36代裔孙刘材成创办的竹木雕作坊，经百年传承，近年，刘氏竹刻的传承人刘志高的竹雕工艺作品先后在国内获得56项大奖。刘氏留青竹刻已被列入第三批福建省非物质文化遗产代表作名录。

五 景观文物

1 二十四景

　　莆田市旅游观光资源丰富，集湖、海、山、泉、瀑之大全，自然景观和人文景观星罗棋布。明万历时莆田文人林登名撰《莆舆纪胜》十卷，专门考述莆仙山川名胜。而明天顺八年（1464）进士吴希贤则首次概括莆阳四大景区："壶峤晴岚、乌山霁雪、绶溪待渡、宁海观澜。"至清顺治十八年（1661）进士林尧英认为"莆阳四大景"标称远不足以说明莆田县多姿多彩的名胜景观，于是他遍览家乡山水，归纳出二十四景以及名称，从此"莆田二十四景"之说流传至今。具体为：东山晓旭、梅寺晨钟、西湖水镜、柳桥春晓、南山松柏、西岩晚眺、木兰春涨、钟潭噌响、石室藏烟、智泉珠瀑、北濑飞泉、绶溪钓艇、九华叠翠、壶山致雨、三紫凌云、紫霄怪石、古囊列巘、白塘秋月、宁海初日、谷城梅雪、夹漈草堂、天马晴岚、锦江春色、湄屿潮音。由于历史和社会的发展，莆田市历史上的部分著名景观有的已为陈迹，有的已经湮灭消失。现把尚存的"莆田二十四景"中的16处景观简介于下。

东山晓旭

东山俗称东岩山，古称乌石山，因有山石状如麒麟，故又名麟山，位于莆田市区西北角。明洪武年间，东山一半在城外，一半属城内，嘉靖年间倭乱时，倭寇曾由东山侵入，万历年间把整个东山围入城中。古代在山上建有"三峰亭"以观东海日出，每当凌晨登亭，遥望东海，旭日乍露，海天无际，一轮初日，如鸡子，似金盘，喷薄而出，金光万道，气象万千，故有"东山晓旭"之称。山上现有三一教东山祖祠、东山妈祖行宫、报恩东岩教寺等古迹。还有林龙江纪念馆、陈经邦祖祠、天心阁和书法长廊等。1999年开始，政府将其开辟为东岩山文化公园。半山腰的报恩东岩教寺，建于宋淳化元年（990），历代屡有重修。寺主殿后有座三层八角空心的石塔，传说创建于隋代开皇年间，虚檐危顶，形制奇古。基座浮雕37只狮子，形态各异，栩栩如生。东山祖祠又称"宗孔祠"或"麟山祖祠"，是天下三教祠的祖庭。祠后有一棵千年古樟，高约15米，围13.8米，树分三杈，其中两杈已枯萎，但有一杈仍枝繁叶茂，龙盘虬舞。有人说古樟的三杈预示了"三教"的发展，蕴含着不可泄露的天机。

梅寺晨钟

梅峰位于今城厢区胜利路中段。宋代地名梅子冈，因山上遍植梅树而得名。梅峰山上原只有一座观音亭。宋神宗元丰八年（1085），梅峰的所有者李泮与妻黄氏求观音喜得贵子，于是喜舍梅子冈山地 100 多亩，扩建为佛寺。北宋崇宁二年（1103），宋徽宗御书赐匾"梅林佛国"。次年，又赐额"崇宁禅寺"。宋政和元年（1111），敕改为"天宁万寿寺"。后惠照法师任万寿寺住持，将寺宇修缮一新。绍兴七年（1137），宋高宗赐名"报恩光孝寺"，绍兴十二年（1142）称"光孝寺"，一直沿袭至今。宋绍兴五年（1135），龟洋二圣僧住持该寺，发愿铸造大钟。经过三次铸造，音色都不理想。直到绍兴二十五年（1155），住持怀琇请名匠蔡通冶铸了一口铜钟，音色清朗，声音洪亮，凌晨时钟声可传到 40 里以外。所以梅峰寺以晨钟闻名。

南山松柏

南山古称"莆山"，别称"凤凰山"，位于莆城西郊，是莆田文化的发祥地和宗教圣地。山麓的千年宝刹广化寺规整庄严、气势恢宏，系全国重点寺院和福建十佳风景区之一，在莆田四大丛林中历史最为悠久、规模最为宏大，福建佛学院（男众部）院址设在寺内。寺南的释迦文佛塔为全国重点文物保护单位。广化寺始建于南朝陈永定二年（558），原是郑露三兄弟结庐讲学的地方，后舍宅为金仙庵，隋开皇九年（589）扩建为寺。唐景云二年（711）睿宗赐名灵岩寺。宋太平兴国元年（976），太宗改名"广化寺"。宋代广化寺盛极一时，有"二寺、十院、一百二十庵"之说，僧众达 1000 余人。现存寺院为清光绪初年依旧制重修的。广化寺前原有一片水池，古称南湖，北宋时海水涨潮，还会漫至山下，此时群峰耸峙，老松翠柏，倒影其中。

山上以多松柏而闻名，传说南山古松的松楸（松针），与一般松楸不同，均长向枝梢，尖而直，绝不旁骛，松荫蔽日，长年郁郁葱葱，故南山景观原以松柏而著名。

木兰春涨

木兰陂位于市郊南门外约四千米的木兰山下，是北宋年间修建的一座集引、蓄、灌、排、挡等功能于一体的大型水利工程。九百多年前，木兰溪因受海潮的影响，时常泛滥，给两岸人民带来极大的灾难。宋治平元年（1064），长乐女子钱四娘携金来莆在将军岩前筑陂，未成。后经林从世、李宏、冯智日等人前后三次营筑，费时 20 年，于元丰六年（1083）竣工。木兰陂畔原有宋建"协应庙"，以纪念李宏、钱四娘等建陂功臣。今庙改为纪念馆，馆内立有明清修陂碑刻和郭沫若的《咏木兰陂诗碑》共 12 块。木兰陂周遭，黛山碧水，景色绮丽。每当春涨之时，溪水漫陂入海，"波涛接天，如挹洞庭胜景"，蔚为壮观，所以景点以"春涨"命名。

钟潭噌响

钟潭噌响又作"钟潭噌𠵒"。钟潭位于城厢区霞林村水磨坑，相传古有铜钟飞入此潭，故名。"噌𠵒"形容钟声洪亮，宋苏轼《石钟山记》有"而大声发于水上，噌𠵒如钟鼓不绝"之语。钟潭之水源出龟山，从近 30 米高的悬崖上飞流直下，形成瀑布，注入深潭。瀑布或串联或并联，其中主要有三支瀑布最为壮观，三瀑"如飞练、如瀑布、如曳帛"。瀑布下泻的地方又形成三潭，如樽、如盅、如敦，人称"三酒盅"。溪床蜿蜒曲折，崖壁上凸下凹，潭形似钟，瀑布撞击深潭，发出洪

钟般的巨响。置身其间,如闻八音齐奏、万籁齐鸣。由于
"三注三泻"的水力冲击而又形成三潭。三潭之上,飞瀑交
响,其声如冰弦弹拨,似玉磬敲击,非常动听,所以有"钟
潭噌响"之称。

石室藏烟

又称"石室松烟",景点位于市区西郊石室岩,俗称筱塘
岩。山上有海蚀洞多处。相传唐代名僧妙应祖师在此坐禅,他
出入常跨两只驯虎,因此又名伏虎岩。岩上建有精舍和玉皇
殿,殿前有一对透雕盘龙八仙石柱,雕技精湛,形象逼真,为
清代石雕艺术珍品。寺后耸立着一座明代留下的七层方形四角
空心砖塔,高约20米,斑驳陆离,古朴大方,为国内少有的
古砖塔,是石室岩的标志性建筑。岩上有一巨石长10余米,
形如长舌,悬空伸展,人称"龙舌石"。石下空阔如室,传为
妙应坐禅静修之所。石室岩还有仙迹、虎源、卓锡泉、曲水
池、空观台、海印石以及宋、明、清摩崖题刻等景点。每逢春
日,云雾缭绕于奇岩怪石、丛林灌木之间,翠峰碧树,忽隐忽
现,因此有"藏烟"之说。

智泉珠瀑

智泉位于城厢区北磨居委会所辖的距市区约三千米的西
山。在石室岩后约两千米的林桥村弥陀岩,其下有泉,流出
三溪口后,形成飞瀑,名"梅花漈"。这里山幽树密,鸟语
花香。溪涧蜿蜒曲折,因山石嶙峋,泉流受山势约束,溪涧
或窄或宽,流速时疾时缓,使泉水流向产生高低、深浅、大
小和缓急的不同变化,泉声也随之变换音调,或如鸣琴,或

石室藏烟

如击钹，或如轰雷，或如骤雨……宛若一曲曲优美动听的交响乐。洞流坠崖，水石相激，飞珠溅玉，雾气弥漫，在阳光下形成一道道彩虹，令人赏心悦目。由于水力的冲击，洞底也形成了许多怪石，毕肖石卵、石臼、足桶、面桶、仙船、仙脚、砚台、棋盘以及鸡、龟、象、鳄鱼、骆驼等形象，前人有诗赞曰："云壑飞泉垂玉箸，松风卷雨下珠帘。"岩壁上刻有"智泉"两个楷体大字，为明弘治十二年（1499）进士、莆人陈伯献所书。传说古时有一鸡峰人在这里放牛，遇到一位白衣老人训斥道："此仙人菜园，毋饮牛污吾水！"陈伯献辞官隐居于此后，始改梅花漈为"智泉"。明万历年间（1573～1620），莆田县令何南金在智泉左侧修筑"来苏亭"，并写下《智泉来苏亭记》。后人在亭基上建造了智泉寺。

绶溪钓艇

绶溪也称寿溪，为延寿溪的别称，系木兰溪五大支流之一。"绶溪钓艇"景点位于城厢区龙桥街道延寿村。有唐五代文学家、乾宁进士徐寅读书处和南宋文学家刘克庄别墅遗迹等。宋建炎元年（1127），白塘人李富在溪南延寿村带头捐资兴建延寿桥，今石桥畔尚存南宋龙图直学士陈宓书"延寿桥"石碣一方。延寿溪发源于九鲤湖，流经常太莒溪、过"北濑飞泉"，入泗华陂，经延寿陂遗址后，就到了延寿桥。旧志称延寿溪至此"十里无湍激声，一碧如绶带"，所以称绶溪。绶溪下游水势舒缓，宋代开始文人雅士多乘游艇垂钓，赋诗取乐。观黑鳗赤鲤，浮沉于绿水之中；白鹭青鸟，出没于清波之上；望樵夫羊肠径下，牧童牛背暮归；"钓竿自具烟波趣，蓑笠不嫌风雨斜"，别有一番韵味。今已建设成大型综合性的绶溪公园。

绶溪钓艇

九华叠翠

九华山坐落于西天尾镇下垞村境内，因此山九峰攒簇如九朵莲花（华），故称。相传汉代时有陈姓仙人居此，所以古称陈岩、陈岩山，又因山形如笔架，故俗称笔架山。九华山以层峦叠嶂、翠峰如簇而闻名，在新生代第三纪地壳上升以前，它还是海中的屿礁。山上留存的粘蚝石、船篙石可以为证。又有一石，面平如削，隐约有象形文字的痕迹，可能是原始社会古人所刻的文字或图画，世称"仙篆石"。山顶有燕子洞，宽数丈，其附近有巨人足迹、茶灶、石棋枰等巨石。又有三处深广各一米多的泉坎，号"丹井"，相传是陈仙淘金井，科技工作者认为应是太古时代留下的火山遗迹。山上还有多处古迹名胜，如紫云岩、桃花坞、罗汉石室以及明代进士周瑛（1430～1518）所书的"上天梯"等书法石刻。

壶山致雨

壶山为壶公山的简称，坐落于荔城区新度镇与城厢区灵川镇交界处，耸立于兴化平原，雄姿毕肖日本的富士山，成为莆田平原的镇山，"壶山兰水"成为莆田大地的代名词，莆田城内古时建有"壶兰雄邑"牌坊。相传壶公山原名胡公山，因为汉代有个姓胡的道人隐居山上，后来得道成仙，山名因称胡公山，后人谐音称"壶公山"，但也有人认为因山形如壶而得名。壶山八面观看，其形状均不同，所以有"八壶"之称。壶公山主峰高710.5米，东为兴化湾，东南为平海湾，南为湄洲湾，由于阳光照射，海面地面的水分蒸发上升，壶山山峰挡住了上升的水蒸气，所以至夜间山周围气温急速下降，就容易凝结成小水滴形成云雾，一般早晨日出后逐渐消失，使整个山形清晰可见，这就是晴天的预兆；如果上空有浓厚的云雾，阳光无法透射下来，壶山周围的云雾在白天仍不消散，却越积越多，满山云雾迷茫，小水滴越积越充沛，云雾顶不住它，就变成了雨。因此壶山具有晴雨预报台的功用，是为"致雨"景名之由来。山上名胜古迹众多，古有"十八院三十六岩"之称。现有凌云殿、祥云殿、白云寺、真净寺、名山宫、宝胜寺、香山宫、极高明天后宫等20余处宗教和民间信仰建筑，其中以供奉玉皇大帝的凌云殿最为有名。

壶山门坊

紫霄怪石

紫霄指位于荔城区西天尾镇渭阳村的紫霄岩。此山海拔550米，山上有唐代高僧妙应祖师创建的精舍迎福院以及后来道教建筑祥云殿等。但紫霄千姿百态的嶙峋奇石最为著名。绝顶的"万岁石",尤为峻拔。此外,还有仙人冢、暖日台、三清石、太府厝、仙巾帽、观音石、石镜屏等石景,各具风姿。涉紫云溪,沿蜿蜒小道盘山而上,有巨石对峙如门,上刻"紫霄岩"。穿过石门,两棵连成"人"字形的连理榕,盘根踞石,古干凌云。不远处的琉璃峡上,飞架一座小巧玲珑的"天台桥",相传为宋代蔡襄所建。桥旁有一石,敲击时其声如鼓,人称"石鼓"。附近的古榕盘石而生,浓荫蔽日,被称为"石上松"。再上去左后侧有一天然石洞,洞中有罗汉石像,称罗汉洞,内有清泉一泓,不溢不涸,雅称"玉壶池"。洞前有一条溪涧,洞上横着一石,其形如舟,流水激石,声如鸣雷,名"雷轰石"。溪涧中产有一种珍稀的小虾,浑身赤色,就像煮熟的一样;还有一种似已剪尾的小螺,这些实际都是冰川前古生物的遗种,但民间却衍生出许多传说。

古囊列巘

"古囊"即囊山的雅称,位于涵江区江口镇囊山村,以主峰形如古代的悬囊而得名,另一说法是因唐代开山祖师妙应行化"使虎负囊而归"而得名(《莆舆纪胜·囊山》)。囊山上山峦累叠,所以景点名"列巘"。"巘"是多义词,这里是小山峦的意思。"列巘"就是累列众多的小山。宋魏了翁诗云:"断潢卷夕潦,列巘浮帝青。"元代范德机也有诗云:"高霞映列巘,宁不眷名都。""古囊列巘"常被类化写作"古囊峋巘",这是错误的,因为古代并无"峋巘"一词。囊山海拔

639 米，山上多为裸露的花岗岩，山峦重叠，奇形怪状。半山天元岩后有一巨型石洞，洞中分为无数小洞，人称"百廿间"。半山腰卧一巨石，面积超过一亩，形如海里的巨鲨，人称"鲨石"，受日月光照射后会发出闪闪白光，远近可见，天气转变将要下雨时则变为灰黑色，此石能随气候变化而改变其颜色，被北洋民众视为天然的"晴雨表"。囊山寺创建于唐代中和元年（881），名延福院。光启二年（886），闽王王审知改名为"慈寿禅寺"，沿用至今。明宣德八年（1433）寺内增建斋房300间。嘉靖年间，寺被倭寇焚毁，后代又屡有重修。现有建筑物为清康熙至近年陆续所建，该寺被列为福建省14座全国重点保护寺庙之一。

白塘秋月

白塘位于涵江区白塘镇，塘面跨洋尾、镇前、上梧三村，面积达300多亩，为莆田南北洋平原上最大的一个水塘。白塘宋代称为注月池，民间俗称白塘沟。古代这里原来是一片海荡地，后来围垦改造成良田，并以此塘汇聚泗华、木兰、石盘、五公诸水，注入此塘以利灌溉、养殖和百姓生活。白塘湖面宽广，放眼望去，茫茫一片，自古以来就是人们八月秋游和赏月的胜地，所以取名"白塘秋月"。每年中秋，沿塘各村，张灯结彩，车鼓队、莆仙戏，还有十音八乐，轮番上演，到处都洋溢着祥和欢乐的气氛。尤其引人入胜的是在子夜时分更深人静、风轻波平、月朗星稀之际，远处的大小山峰，倒映水中，塘中有山，山中有月，水月交辉，仿佛人间仙境。塘畔的洋尾村是莆田市第一个省级历史文化名村。

宁海初日

宁海位于木兰溪下游的入海口，俗名桥兜，古代未建桥时，只有渡口，称宁海渡。此渡口是莆田南北洋交通的咽喉，地位十分重要。元代元统二年（1334），华亭龟山寺越浦禅师开始募建宁海桥，经过多次勘查、两次选址、两次动工兴建的艰苦努力，几年后终于告竣。宁海桥横跨涵江镇前村和黄石桥兜村，极大地方便了民众往来。在元元统二年（1334）至清康熙十九年（1680）的300多年间，该桥六圮六建。现存的桥是清雍正十年（1732）开始耗费15年修建的。桥为石梁式，全长225米，面宽5.8米，两墩之间的净跨径在8.8～11.8米，桥面用75块长13米、厚1.2米的巨石铺设而成。两旁有扶栏，望柱头雕刻着姿态不一、线条简练的石狮子。桥的两端，各立了两尊高约3米、形象威武的护桥"桥头将军"石像。大桥凌空飞架于宁海之上，势如晴虹卧波，雄伟壮丽。每当拂晓之时，伫立于桥上，远观海上初升旭日，恰如一轮圆镜，跃出海平面，放射出万道金光；转瞬间，桥下波光粼粼，万条金蛇，随波飞舞，顷刻海波尽赤，一轮红日仿佛浮悬于桥墩之间，极为壮观，所以自古有"宁海初日"的雅誉。该桥被列为全国重点文物保护单位。

夹漈草堂

夹漈草堂在今涵江区新县镇夹漈山上，为纪念宋代著名历史学家郑樵而建。草堂原为郑樵生前所住的名副其实的草屋。宋乾道五年（1169），兴化知军钟离松把草屋改建为瓦房，题额"夹漈草堂"，供后人瞻仰。郑樵17岁开始，在家乡的夹漈山上"为堂三间,覆茅以居",从此"三十年力学不下山",著述达80多种,其中最著名的就是《通志》200卷,莆田民间至今还流传着许多有关夹漈公的传说故事。草堂附近,尚保存着不少与郑樵有关的遗迹,如瞻星台、曝书石、洗砚池、下马石、书亭寨等。民国十年(1921),涵江商人陈志阳和广业群众集资,在草堂后山东边新建了一座石屋,题额曰"草堂胜迹"。1997年,莆田市人民政府又拨款修葺草堂,修建了郑樵纪念馆,还开辟了上山公路。

湄屿潮音

湄屿即湄洲岛,以有湄洲妈祖祖庙而闻名于世,同时,"湄屿潮音"也是著名的海岛景观。在祖庙前面,海岸岩石错列,分布着大片的辉绿岩,因长年受海上风涛冲蚀,形成了天然凹槽,宽1~2米,长数百米。凹槽随着潮汐吞吐,产生共振,不断发出奇妙而有节奏的音响。或如管弦细奏,或如钟鼓齐鸣,或如龙吟虎啸,或如巨雷震天、骤雨泻地,各种神妙的声音,组成了一曲曲动人心弦的自然交响乐。古人描绘潮音是"如撞万石钟,经沧海者,叹观止焉"。历代文人墨客吟咏湄屿潮音的诗作也十分丰赡。

2 仙邑风光

九鲤飞瀑

仙游自古有"四大景"之说,九鲤湖被列为首景。九鲤湖简称鲤湖,位于钟山镇。相传汉武帝时,有何氏九兄弟在此炼丹济世，丹成跨鲤升仙，九鲤湖因之得名。景区主要以湖、瀑、洞、石、梦五奇著称，有"九鲤飞瀑天下奇"之誉，九漈瀑布，各擅其胜，但其中最有名的则为瀑布、珠帘、玉柱三漈。每漈瀑布相隔距离远近不一，蜿蜒曲折，直达常太莒溪。九鲤湖还以祈梦文化扬名天下，四时香客不绝，被称为"研究中华梦文化的活化石"。景区湖山间则"任楷草题镌，几无完石"，古今石刻有"天子万年""第一蓬莱""碧水丹山""九天珠玉""观瀑""飞瀑""九鲤腾云""飞雨奔雷"等。还有九仙观、水晶宫、玉皇楼、天后宫、何仙宫、更衣亭、湖光亭、迎仙公馆等新旧名胜建筑。九鲤湖景区现被列为福建省重点旅游开发区、国家水利风景区。

仙游九鲤湖石刻

菜溪幽景

菜溪岩在象溪乡境内，相传唐朝时，凤山九座寺智广禅师云游到此，见这里是风水宝地，便在此结庐修炼。智广不食人间烟火，唯以野菜为粮，因常在溪边洗菜，菜叶随波而下，山麓村民不知，见溪上菜叶漂流，因而称该溪为菜溪，山名菜溪岩。北宋年间，龙华镇士子陈易，字体常，号聘君，曾任监察使，在京与王安石政见不合，弃官返乡，后与蔡襄的曾孙西京提学司蔡枢同游菜溪岩，当晚梦见观音菩萨，金光灿灿，陈易便在此隐居，研究《易》学，筑草堂曰"巽堂"，室名"艮轩"，他独身茹素，居山读书50年。菜溪山麓曾建有蔡枢祠，后代改建为香山寺，蔡枢祠古迹保存于该寺后座，所以菜溪在史书中亦被称为蔡溪，但民众仍叫菜溪。今山上的主要寺院也称菜溪寺。菜溪岩系花岗岩地质地貌，以山清水秀、石奇岩峻、谷深洞幽、瀑布成群而著称，据说有120景，且历史文化积淀深厚，是一处天然幽静、风景秀丽的旅游避暑胜地。

仙游菜溪岩菜溪寺

麦斜奇岩

麦斜岩位于钟山镇境内。景区面积6平方公里，现属九鲤湖省级旅游区的重要组成景区，主峰海拔1006.5米，峰顶常有云雾缭绕，因而麦斜岩也称云居山。该山峻拔巍峨，怪洞玄幽，山上遍布紫红色的石崖、石峰、石球，又有卵石、枣石、梅石、超世石和玉泉岩、印真洞、梅花洞、环竹洞诸景，各呈奇趣，宋代著名理学家林光朝誉之为"小武夷"。岩下有座山门亭，右侧是巍然耸立的铁衣峰，左侧是平地崛起的百仞巨石，上刻元世祖忽必烈手书的"樵谷山"三个大字。据县志载，当时有林璧卿者，号樵谷，精研《易经》之理，不愿仕元，隐居于此，炼真修化。世祖嘉其节义，乃手书赐之，后人建樵谷祠以纪念。樵谷山石刻对面，有一奇石凌空兀立，上书"祝圣道场，朝天福地"八个大字，遒劲有力。背倚巨大石崖而建的麦斜寺，前身是南宋史学家郑樵著书处"夹漈书院"，经历代重修，现存寺宇为清代建筑。麦斜岩还是中国工农红军一〇八团的诞生地，先后被共青团福建省委授予"青少年德育教育基地"和莆田市"第一批爱国主义教育基地"。

天马奥区

天马山位于榜头镇上昆村境内的木兰溪北畔，因其主峰巍峨雄峻，状如天马行空而得名。景区以"五峰七漈"为代表景观。"五峰"即天马、鳌柱、双兔、海日和天梯等五座山峰，"七漈"即鼎湖、丹室、龙首、药槽、云门、天津和松关等七层瀑布。此外，还有各具风姿的聚仙桥、小玉桥、水云乡、童子岩、观音冈、笔架山和蝙蝠洞等景观。山上有古建筑天马寺，

仙游麦斜岩蔡园将军题刻

为榜头云庄书生王家录（字剑洲）于明万历十二年（1584）所创建，历代屡有重修。天马寺上殿正中有"秘诀延年"悬匾，据说是清代仙游知县杨卓廉的手迹。另有一副"入天出天游行自在，是马非马色相皆空"的楹联，为清末拔贡刘锦龙撰写，这些文物至今仍保存完好。山上尚有清音阁、通明殿、五帝庙等古建筑。

蜚山竞秀

大蜚山森林公园位于仙游县城北 5 公里处，是鲤城盆地的屏障，南北长 6.8 公里，西面宽 5.5 公里，总面积 1430 多公顷。《仙溪志》卷一载：大蜚山"来自九座山，蜿蜒百里，矗为大蜚、小蜚二峰。"大蜚山逶迤连绵，是一个大山系，由将军

山、瀑布山、蜈蚣山、蛇峰、狮子峰、象峰等组成。园内群峰
竞秀，林木葱茏，旅游资源丰富，有九龙岩、附凤岩、清水
岩、蚩山岩等"十八胜景"之说，具有珍奇险野、雄秀旷幽
等特点。2004 年大蚩山被评为省级森林公园。

除了自然景观外，山上还遗留有庙宇十多座和众多的摩崖石
刻，其中著名的有九龙岩寺、海霖寺、附凤寺等。近年，大蚩山
省级森林公园管委会根据地理、自然和人文景观资源特点，将公
园按功能划分为"三区两园"，即大蚩山景区、九龙岩景区、体育
休闲娱乐区和生态农业园、蚩山植物园，在保护生态环境的前提
下，以开展生态旅游为主导，以自然景观为主打、人文景观为背
景、宗教文化为主题，构建集生态旅游、休闲度假、健身探险、
朝圣观光、科考研究、采风写生于一体的高品位城区型森林公园。

塔斗风姿

枫亭镇的塔斗山，三向环山，一向面海。相传汉元狩年间，
来自安徽庐江的何氏九子往九鲤湖修道，曾留驻于此，结枫为
亭，枫亭因此而得名。史载北宋端明学士蔡襄、宰相蔡京、元
朝状元林亨、明朝布政司右参议陈迁等名人，都曾在此读书；
南宋理学家朱熹，也在塔斗山设坛讲学，并题诗留字。明代三
宝太监郑和下西洋时，曾两度在枫亭太平港避风。景区以塔斗
山、蔡襄陵园、蔡京墓为主景点，连带 30 多处景观。山顶始建
于五代的"天中万寿塔"，造型独特，四角五层、石构实心、高
7.4 米，四面各长 5.1 米，以山峰为基，精心构筑，塔身留下许
多精美的古代石雕，已被列为国家级文物保护单位。塔的东向
有仿古建筑的"天中玉皇殿"，塔的西向有始建于宋代的会心书

院、文昌阁，山腰则有始建于唐代的会元寺。山麓的蔡襄陵园由石仪门、蔡襄墓、端明楼、四垂亭、石望柱和碑林等组成。碑林全长 134 米，是迄今为止福建全省规模最大的。塔斗山景区可观瞻溪海汇流、海上潮汐等自然景象，是一处集自然景观、生态园林和历史文化胜迹于一体的游览胜地。

仙游塔斗山天中万寿塔

3 荔城风物

美术新城

美术新城指近年新建的莆田工艺美术城，它位于黄石镇高速公路出口，占地总面积 460 多亩，建筑面积 47 万平方米，由展示中心、展销区、公共服务配套设施等组成。展销区内分为木雕区、玉雕区、石雕区、金银珠宝中心，入驻企业上千家，是目前全国规模最大、配套最齐全的全国性工艺品专业市场，同时也是举办"中国（莆田）海峡工艺品博览会""艺鼎杯"中国木雕现场创作大赛等系列重大工艺美术盛会的主会场。美术城现为国家 4A 级旅游景区、福建省版权产业基地、福建省文化产业示范基地、全国诚信示范市场。全城建筑古色古香，总体风格传承莆田老民居红砖文化，主体建筑物镶嵌有2000 多平方米内容丰富、造型逼真的立体浮雕，有"中国最大的浮雕群"的美誉。美术城汇聚了来自全国的工艺大师、名家名品，也聚集了巨大的信息流、技术流、商品流和人才流，已成为一个立足莆田、辐射"海西"、面向全国的大型工艺品市场、旅游观光胜地和休闲购物中心。

莆田工艺美术城

梅妃故里

梅妃故里位于黄石镇江东村。传说梅妃原名江采蘋，江东人，唐玄宗开元年间，高力士出使闽粤选秀女，采蘋被选入宫。她自幼聪明灵巧，九岁即通诗书，擅长文学。被选入宫后，深得玄宗宠幸，被封为妃子。她酷爱梅花，在所居四周遍植梅树，并建一亭，号"梅亭"。玄宗因其爱梅，昵称她为梅妃。杨玉环入宫后，献媚取宠，对梅妃深怀妒忌之心，想方设法陷害她。梅妃终于被迫迁于上阳东宫，苦熬日子不得宠幸。有一次唐明皇尝荔枝时，忆起梅妃，就派人送去一串珍珠，梅妃见珍珠，触景生情，无限伤感，当即写了一首《一斛珠》诗，夹在珍珠里退还玄宗。诗云："柳叶双眉久不描，残妆和泪污红绡。长门自是无梳洗，何必珍珠慰寂寥。"安禄山造反时，玄宗出奔巴蜀。平乱后，玄宗回到长安，才又忆起梅妃，于是派人前去查访，方知她已投井尽节，玄宗便以妃礼葬之。梅妃去世后，家乡人民尊称她为"祖姑皇妃"，并修建浦口宫以纪念。清道光年间兴化知府王广业题兴化府署楹联云："荔子甲天下，梅妃是部民。"以梅妃是兴化子民为荣耀，对联今移刻于该宫。浦口宫占地 300 多平方米，雄伟壮丽，尚存清嘉庆《重修浦口宫记》等文物。宫内的柱础、垂莲、雀替、驼峰、护栏等众多木、石构件，皆为雕刻精品。故里还包括现在的梅妃塑像、梅妃亭以及宫右侧专祀戏神雷海青的飞云庙等景观。

三清古殿

位于今市区梅园路东段北河边的三清殿，有"古建之花"

的美誉，1996 年被列为全国重点文物保护单位。该殿为唐贞观二年（628）创建的道教玄妙观建筑群中遗存的主体建筑。玄妙观宋代名天庆观，元代复名玄妙观，清代因避康熙皇帝玄烨名讳，改称元妙观。该观原建筑群包括山门、三清殿、通明殿、九御殿、四官殿、文昌殿，还有五帝庙、东岳殿、西岳殿、五显庙等。现存古建筑群除三清殿主体建筑外，还包括山门及重修的东岳殿、西岳殿。主殿为重檐歇山顶，原面宽五间，明代扩为七间，进深六间，殿内竖有 20 根木石连接大柱，仍保存着宋代建筑风格。该殿与福州华林寺、宁波保国寺都是南方最古老的木质建筑，堪称江南古建筑的三朵奇葩。三清殿东厢还保存有一块中国唯一的宋徽宗赵佶瘦金书《神霄玉清万寿宫碑》碑刻，亦殊为难得。

南少林寺

"南少林"位于荔城区西天尾镇林山村。1986～1988 年，原莆田县在文物普查中，发现湮灭了三百多年的林山林泉院遗址。1990 年 12 月至 1991 年 5 月，经国家文物局批准，福建省考古队对林泉院的 3 万平方米遗址，进行了第一期的重点发掘，出土了"真觉大师难提之塔、林泉院、天佑"的唐代石刻和留有"长兴四年岁次癸巳正月"的南唐陶质鸱尾以及古代石槽等文物，专家认为林泉院遗址就是清代以来天地会传说的九莲山南少林寺遗址。河南嵩山少林寺第二十九代方丈德禅大师，确定莆田县林泉院即南少林寺，并赠送了"南少林就在福建莆田九莲山下"的题词。1992 年 4 月 25 日，经福建省人民政府批准，莆田市人民政府在北京人民大会堂举行新闻发布会，正式向外界宣布发现南少林寺遗址。1998 年 12 月 8 日，南少林寺工程竣工，并向海内外开放。已故中国佛教协会会长赵朴初题额的"南少林寺"牌坊，矗立于原福厦路洞湖口，巍峨壮观。

西天尾镇的南少林寺

"宋家香"古荔

在荔城英龙街原宋氏大宗祠内，现存一株最古的荔枝，树龄将近 1300 年，称"宋家香"，其株高 6 米多，基干周长 7.1 米，树冠覆盖面积达 65 平方米，郁郁葱葱，硕果累累。宋家香荔枝流传下来不少传奇故事。据《宋氏族谱》载，最早记述该树的是唐末徐寅，他在为宋骈所撰的墓志铭中提到唐代时此树原属王氏，乾符六年（879）黄巢起义时兵过莆田，驻扎在附近，有士兵要把这株荔枝树砍掉当柴烧，王氏老妇紧抱荔枝树，要与树同归于尽。黄巢士兵看到老妇如此爱护这株荔枝，心生怜悯，于是只砍了一斧便不再砍了。据说宋家香果核的腰间有一条"玉带围"凹痕，就是被黄巢兵砍了一刀的印记。后来这棵树归宋家所有，因此称"宋家香"，简称"宋香"。宋至和三年（1056），宋家香主人宋诚请蔡襄品尝宋家香名果。蔡襄尝了荔枝之后即席题诗酬谢，并以"宋公荔枝"之名载入《荔枝谱》。《蔡襄诗帖》中写道："今（荔树）老矣，实益繁滋，味益香滑，真佳树也。"20世纪初，在莆田的美国传教士蒲鲁士，两次把宋家香后裔"陈紫"移种美国佛罗里达州，结果获得成功，现已推广至美国南部各州及古巴、巴西等国，人称"莆裔外国荔"。

4 城厢景致

九龙幽谷

坐落于常太镇莒溪的九龙谷，原名虎堀山，与仙游省级风景名胜区九鲤湖相接壤，九鲤湖有九漈瀑布，其中的"石门、五星、飞凤、棋盘、将军"五漈，均在莒溪境内，因此历史上被称为"下九鲤"。明代著名旅行家、地理学家徐霞客曾于万历四十八年（1620）夏游历九鲤湖和莒溪，并载入《徐霞客游记》。九龙谷森林公园创建于2002年，园内森林覆盖率达95%以上，总面积约109平方公里，森林资源丰富。园内峰峦起伏，林木苍郁，遮阴蔽日，古藤交错。有国家一级保护植物南方红豆杉，国家二级保护植物福建柏、金毛狗蕨及福建省政府地方保护树种江南油杉等珍稀植物。还有国家二级保护动物松雀鹰、红隼等鸟类。景区内瀑布喷珠落玉，上游溪流清澈湍急。现经整治，游客可由上游顺溪漂流至情人潭，然后于连心湖中荡舟，周览湖光山色，养性怡情。也可参与攀岩运动，体验探险；或者静观鹿苑，游憩山野。九龙谷森林公园是集旅游观光、休闲度假、健身运动于一体的自然生态风景区，还是"全国农业旅游示范点""全国生态文明教育示范基地"、省级"四星级乡村旅游经营单位"和国家级"4A级景区"。

常太九龙谷景区

东圳水库

东圳水库位于常太镇东圳尾村境内，1958年6月开建，1960年4月竣工。拦溪大坝长367米、高80多米、顶宽8米，屹立于延寿溪峡谷中，宛似长虹卧波。水库库区达300多平方公里，远望山水相绕，湖水平如镜面。库区内，湖心中的一座座小岛，犹如一盆盆精巧的盆景，有"小千岛湖"之誉。1962年9月下旬，原中国科学院院长郭沫若来莆田参观东圳水库后，作《题东圳水库》诗云："北濑飞泉今化龙，木兰横跨起长虹。"东圳水库建成后，原"莆田二十四景"的"北濑飞泉"之景没入水中。

东圳水库的建成十分不易。如1958年秋至1959年秋是施工的高潮时期，而此时也是莆田天灾频发的一年。1958年7月至8月，连续的三次台风和暴雨，严重地影响了水库大坝的施工。冬季，又遇到零下2度的罕见严寒。此时担任莆田县长的原鲁山，亲自参加工地劳动，极大地鼓舞了民工的斗志。如今东圳水库依然是莆田平原灌溉的重要水源，也是城区人民的大水缸，而东圳水库建设精神，更是一笔可贵的无形资产。

天马新景

"莆田二十四景"中原有"天马晴岚"景观，指的是位于黄石、北高、笏石三镇交界处的天马山，惜原景观已破坏殆尽。新开发的天马山森林公园，则位于龙桥街道与常太镇的交界处。该森林公园于2006年6月经福建省林业厅批准建立，规划面积215.2公顷。登临天马山，东可望远处涵江的万家楼台，西可瞰凤凰山满眼秀色，南可眺兴化平原无限美景，北可览东圳水库万顷碧波。公园内森林植被丰富，四季茂盛葱茏。主要景点有虎啸岩、石尾柱、玉兔拜月、石烛尾、三棵树等。园内还有古寺、古遗址、摩崖石刻及近代西洋人别墅遗址及洋人墓等，是一处近城且适合市民登山锻炼的好去处。

烈士陵园

龙脊山烈士陵园位于城厢区龙脊山，又称"闽中革命烈士陵园"，占地约6公顷，是中共莆田县委和莆田县人民委员会为纪念1926年2月在莆田建立党组织以来，为革命牺牲的千百位烈士于1959年兴建的，被列为莆田市文物保护单位和莆田市爱国主义教育基地。

陵园以莆田县革命烈士纪念碑为主体，包括闽中革命史纪念馆及凉亭、假山等附属建筑物。烈士纪念碑耸立于山顶，用"华亭青"花岗石砌成，分碑身和底座两部分，底座正方形，碑身高16米。碑身仿刻北京天安门广场人民英雄纪念碑的毛泽东手书"人民英雄纪念碑"字样，纪念碑东、西、北三面分别刻着邓子恢、张鼎丞、叶飞的题词："英名不朽，浩气长存"；"烈士忠魂，万古长存"；"献身于人民革命事业的烈士们永垂不朽"。碑座正面镌刻的楷书碑文记述了莆田人民在中国共产党领导下的革命斗争历程，赞颂先烈们舍生取义的英雄气概。其他三面镶嵌着五块浮雕，生动传神地再现了莆田革命的典型事件。闽中革命史纪念馆坐落在陵园内，建筑面积达1100平方米，包括前言大厅、资料片放映厅、五四运动馆、建立苏维埃馆、三年游击战争馆、抗日战争馆和解放战争馆。

龙脊山烈士陵园纪念碑

5　涵江山水

永兴胜地

位于大洋乡院埔村境内的永兴岩，毗连永泰县岭路乡，属于瑞云山森林公园中心地段，总面积 21 平方公里。明代《闽书·方域志》载："永兴岩，一名鬼岩，削壁三十丈，上有飞瀑，霏霏承雷，旧有洞，可炬行。宋绍兴中，山鬼为厉，永福人张真君与萧、朱二真君，封鬼其中……"永兴岩峰高景丽，岩左有石狮、香炉、玉女诸峰；岩前有将军、石门二峰，皆极神似。岩上还有奉祀张公的石室型建筑"张公祖殿"等名胜古迹。景区冬暖夏凉，是一处四季皆宜的观光旅游和避暑胜地。

雁阵风姿

雁阵古代也写作岩沁、岩峙，位于三江口镇鳌山村，相传古时山下的沙岸和滩涂上，每年有候鸟大雁栖聚成阵，故名雁阵。雁阵山海拔仅 45 米，然兀立于海岸，形如探海巨鳌，故又名鳌山。山上遗存有雁阵宫、登瀛阁、黄公度读书处等遗迹。雁阵宫正式宫名为"昭灵祖庙"，始建于唐代，历代多有重修，主祀三殿真君，配祀盐神宋代涵江人陈应功等。宫中还有一块拜石，上有几道天然裂痕，裂痕交错处有一小孔，习习生风，用水注入，不见溢满，也不知流往何处，人称"龙眼风"拜石，传说是先有此石，再依石盖庙。山上还有南宋状元黄公度读书处遗址。黄公度少时寄居雁阵村姑母家，苦读于山上，绍兴八年（1138）高中状元，宋高宗为其读书处御书"登瀛阁"三字，石刻保存至今。另有黄公度晒书台、护雁顶等古迹。在护雁顶山崖巨石下，有一处涌泉，久旱不竭，清澈甘冽，宋进士林光朝名之曰"葆光泉"。雁阵山上明代建有一座七层石塔，为船只夜航的标志，与兴化湾海上的塔仔塔遥遥相对。雁阵山山奇、海美、塔壮、庙雅，民间流传有不少优美的传说故事，近年涵江区把此地辟为游览区，增建了牌楼式山门、怀庆亭、思贤阁等，楼台亭阁，海光山色，更增加了景区的绰约风姿。

雁阵黄公度雕像

望江云海

望江山位于庄边镇上院村东向，毗邻仙游、永泰，海拔1083.4米，为莆田第一高峰。因天气晴朗时，山上可望见木兰溪和萩芦溪交汇处的涵江望江片，所以得名望江山。主峰周围共有八座独立山峰，海拔均在1000米以上。望江山也是永泰县著名峡谷溪门溪的发源地。山上有大片原始森林、竹林，单上院村就有林地2万多亩，其中竹林6000亩。因山高气候多变，不时云雾突涌，形成云山雾海，一望无涯；云海之中，又不时露出高峰，似大海之岛礁，随云雾翻腾，变幻莫测，形态各异，因此有"望江山云海"之称。山上尚存一处古建筑遗址，就是曾经名扬莆、仙、永三县的"望江书院"。书院大约建于清代末期，倡学者为道光年间秀才邱立德，本地秀才邱秉中、郑济幹、邱则山及武秀才邱鸿恩等人均曾就学于此。

红色旧址

白沙镇澳东村保存有红军207团旧址。当大革命失败后的1928年3月，莆田中共组织在澳东村澳柄宫建立起第一支革命武装——莆田游击队，打响了反抗国民党反动统治的第一枪。1930年8月，中国工农红军第23军207团在澳柄宣告成立，随即发动群众开展土地革命，建立苏维埃政权，澳炳遂成为闽中山区革命斗争的根据地。1937年8月，闽中国共两党经过多轮谈判，达成合作抗日协议。闽中地下党和红军游击队经过艰难困苦的三年游击战争，创建了闽中游击区，使之成为南方八省十五块游击区之一。1938年5月，闽中红军游击队约200人，由新四军驻福州办事处介绍，开赴皖南军部报到，编入军部直属特务营第二连。抗战时期，闽中地下党坚持领导闽中抗日游击武装在敌占区和敌后广泛开展游击斗争，打击日本侵略军。1949年2月，经闽浙赣省委批准，在莆田大洋成立闽浙赣人民游击纵队闽中支队司令部，为配合南下大军解放闽中，积极筹粮支前，开展策反工作，为闽中地区的解放做了大量工作。红军207团旧址是莆田重要的红色旧址，澳柄宫已修建"中国工农红军207团遗址纪念碑"；2009年，红军207团陈列馆正式开馆，成为省市两级爱国主义教育基地和莆田市

中共党史研究教育基地。2009 年 11 月，该旧址被列为福建省
文物保护单位。

6　三湾揽胜

　　"三湾"指莆田湄洲湾、兴化湾、平海湾三大海湾，包括
今秀屿区、湄洲湾北岸经济开发区和湄洲岛国家旅游度假区。
三湾景点皆属滨海和海岛区域景观，举要如下。

天云怪石

　　天云洞位于埭头镇温李村境内的大蚶山上。相传远古时
代，蚶山原为海底一巨礁，后因地壳变迁，升出海面，历经千
年浪淘潮蚀后，成为今天岩阵群立、怪石杂陈、洞穴奇多的海
蚀地貌。天云洞以峰奇石怪、洞幽林秀称奇，有九仙洞、观音
亭、罗隐庙、恒山草堂、三十六碟、风动石、骆驼石、覆船
石、一线天等 50 多处景点。景区内青松翠柏，风景清幽，是
莆田沿海一处难得的自然景观，被列为省级水利风景区。

白云洞景

　　白云洞景区在东峤镇九龙山主峰之巅，这里山虽不高，但
在其方圆五六十亩的辖区内，有着丰富的人文景观。普济庵、
林氏大宗祠（追远祠）以及林氏大墓等三大宋代建筑，坐落
于九龙山南麓。山上则有十多座飞檐翘角的宫殿式建筑，如白
云洞、昭明殿、昭灵宫、文成殿、乾日亭、坤月亭、大雄宝殿
等，这些宫庙供奉着儒、道、释三教祖师和妈祖、卓真人等民
间俗神，形成儒、道、释三教合一的奇观。这里也是三一教重

秀屿埭头天云洞

要人物明代卓晚春的"卓氏祖祠"所在地，如今山上竖有卓晚春诗碑 53 块，形成了壮观的诗刻碑林，也增加了其文化底蕴。从远处仰望九龙山，宫殿亭台，依山构筑，错落有致，蔚为壮观，该景区已被列入县级文物保护单位。

天后祖祠

天后祖祠位于山亭镇港里村，港里又称贤良港，古称黄螺港，与湄洲岛妈祖祖庙隔海相望。祖祠始建于明代永乐朝之前，清初沿海实行"截界"，林氏族人将祖祠历代祖宗灵牌和妈祖神像迁往涵江镇，祠遂荒废。康熙二十三年（1684）复界后迁回，由被册封为琉球副使的林麟焻倡议重修，恢复祠祀。乾隆四十四年（1779）族人林清标嘱时任台湾凤山县教谕的长子林需募缘再次重修。建筑总体格局包括照壁、山门、拜亭、中殿和后殿等，占地面积 612 平方米。中殿奉祀妈祖的神像，后殿供奉自七世祖林蕴至妈祖父母的灵牌。原建筑毁于"文化大革命"，1984 年，信众收集部分原建筑构件依旧样重建，1988 年 2 月竣工。1989 年辟为"莆田县贤良港天后祖祠旅游区"，1991 年公布为省级文物保护单位。近年增建有三门牌坊、钟鼓楼、迎宾阁，祖祠后侧山上又增建手举"定风神珠"的青年妈祖石雕像，祖祠右侧正修建"天后圣殿"及梳妆楼、观音阁等，已形成以天后祖祠为主体的建筑群，雄丽壮观，成为莆田市代表性妈祖宫庙之一。

妈祖杰阁

妈祖阁位于湄洲湾北岸经济开发区山亭镇山柄村的麒山之巅，2008 年 4 月底建成开阁。阁共四层，高 32.3 米，寓意妈祖诞生于农历三月廿三，阁区总面积 22700 多平方米，其中建筑面积 10000 多平方米，基座面积 1200 多平方米。妈祖阁主朝向正对着隔海的湄洲妈祖祖庙，阁内供奉妈祖神像，设大厅、陈列室、展览馆等，作为焚香朝拜、观光游览、接待休憩、五色土展示及妈祖文化精品展览之用。妈祖阁的总体造型端庄古朴，轻盈而富动感，兼容传统风格和现代气息，阁平面为方形，四角减缺，成海棠状。妈祖阁与港里妈祖祖祠及新建的妈祖城连成一体，与湄洲妈祖山妈祖石雕像隔海相望。登阁远望，美景尽收眼底，为海内外来莆妈祖信众增添了一处朝拜妈祖和登阁眺望茫茫海峡的新景观。

莆禧古城

莆禧古城位于北岸经济开发区莆禧（忠门）半岛南端，

麒山妈祖阁

与湄洲岛隔海相望。莆禧古名"浮曦"。明洪武元年（1368），
为加强海防，防御倭寇侵扰，设置莆禧守御千户所，隶平海卫
管辖。明洪武二十年（1387），福建沿海开始建筑防倭军事城
堡，当年拆了莆田镇海堤东角、遮浪段两处石料，构筑了平海
城和莆禧城。莆禧城周围城墙总长590丈，城墙高1丈3尺，
墙基厚1丈2尺，建城垛1049个，警铺24个，城门4座；城
门上还建有城楼。城内建有千户所衙门和粮仓等。莆禧古城虽
经清代截界20多年的荒废，但复界后得到重修，一直保存较
为完整，到抗战时的1939年该城才被毁，现在尚残存东、北
两座城门和月城，以及120多丈的古城墙。城内青石铺设的十
字街和城隍庙保存尚完好，透现出古城厚重的历史沧桑感。古

城也是福建省现存的三大明代抗倭英雄城之一，被列为省级重点文物保护单位。

湄洲祖庙

湄洲妈祖祖庙坐落在"妈祖信俗"发祥地湄洲岛。湄洲祖庙是创建年代最早的妈祖庙，在世界妈祖宫庙和信众心目中拥有至高无上的地位和影响力。祖庙为长323米、宽99米的五进仿古建筑群，有牌楼、宫门、钟鼓楼、顺济殿、天后殿、灵慈殿等主体建筑和东西廊庑、祈福殿、天后广场、观礼台、大戏楼、妈祖文化展览馆等配套建筑。庙的后山尚存"升天古迹""观澜"等古代摩崖石刻。位于山顶的妈祖石雕像，头戴冕旒，身着霞帔，手持如意，遥望大海，威仪端肃，栩栩如生。

湄洲妈祖祖庙

祖庙新殿建筑群依山就势，远望酷似西藏布达拉宫，被人誉为"海上布达拉宫"。从妈祖石雕像至大戏楼，总长450米，上下落差达65米。新殿牌坊高22米，宽35米，飞檐凌空，坊前平台为大型祭典之祭坛。钟楼所悬祈福巨钟重2.5吨，鼓楼所悬祈安大鼓直径达1.6米。每逢盛大庆典，钟鼓齐鸣，气势非凡。顺济殿为祖庙新殿之前殿，内祀四海龙王，中间置有《妈祖巡海图》巨屏，屏的背面录刻历代皇帝对妈祖的36次褒封。主殿天后殿，建筑面积999平方米，额题"敕封天后宫"，主祀敕封天后之金身神像，两边配祀8位有功于国家与民族且对弘扬妈祖精神有独特贡献的历史人物。后殿灵慈殿，主祀便装妈祖。祈福殿为祖庙之偏殿，内祀987尊祈福妈祖圣像，像前987盏祈福神灯，长明不熄，供祈赐五福的妈祖信众虔请圣像或诚点神灯用。妈祖祖庙现为全国重点文物保护单位。

鹅尾石园

鹅尾山位于湄洲岛最南端，因其形似鹅尾而得名。它三面临海，与北部的妈祖祖庙景区遥相呼应。景区以自然景观为主，奇山、怪石、碧海、沙滩、森林，互为映衬。鹅尾山景区可分为三大部分：鹅尾神石园、四季花园、海滨广场。鹅尾神石园占地32公顷，海拔65米，宛如一座天然的大型石盆景，包括金山坳、洞里洞外、海门、狮子山及神石冈五部分。鹅尾山由于长年受风蚀、海蚀的双重作用，形成众多大小不一、形态各异的自然象形石。这些岩石形神俱肖，生动有趣，今人结合美丽动人的妈祖传说和丰富的地质科普知识，使之成为湄洲岛国家旅游度假区一处代表性的自然景观。

六　现代风貌

1　海湾资源优势

　　莆田市山海资源兼备，既有港、渔、涂、能、岛等海洋资源，又有丰富的陆地矿产、动物、植物等自然资源。但其中以湄洲湾、兴化湾、平海湾三大海湾资源最为重要，海域总面积1.1万平方公里，是全国少数几个能够建设40万吨以上深水泊位的海港之一。尤其是湄洲湾港阔水深，避风条件好，地理条件优越，水路东距台湾台中港仅88海里，北距福州马尾港132海里、上海港510海里；南距厦门港96海里、香港397海里、广州港540海里，是福州至厦门，上海至广州两条国内航线的中点；秀屿港被誉为"世界不多，中国少有"的天然良港，是福建省推进的"两集两散"港口之一，也是近期主要建设的三大亿吨港口之一，具有港口发展的明显区位优势和良好的国际海运地理环境。而福厦铁路、向莆铁路和湄洲湾港口铁路支线的贯通，实现了铁路与港口的对接，使莆田与长江三角洲、珠江三角洲紧紧联系到一起，莆田市已开始成为内陆地区重要的出海口。

莆田沿海滩涂资源也集中成片分布，浅海面积1032平方公里，潮间滩涂面积281平方公里。三大海湾捕获鉴定的鱼类有257种，经济价值较高的鱼类有20多种、贝类10多种。兴化湾和湄洲湾两大海湾潮差大，海洋能的蕴藏量巨大。潮汐能可开发的装机容量达360万千瓦，占全省海洋潮汐能总容量的36%，年可发电90亿度；海上风能可开发量为160万千瓦（其中平海湾120万千瓦、南日岛40万千瓦），年均有效风功率密度达338.2千瓦小时/平方米，风电发展潜力很大。

动物资源除分布于海洋及淡水生态系统的水生动物外，还有分布于树林生态系统中的数百种陆生动物，具有一定经济价值。全市有鱼类、两栖类、爬行类、鸟类、哺乳类等脊椎动物及无脊椎动物共37个目500多种。其中水生脊椎动物就有323种，无脊椎动物已鉴定的有307种。

境内有植物资源215科1405种。有国家级和省级保护树种黄楠、花榈木、青冈栎、木夹红、豆树、香椿等。药材品种共203科814种，有三尖杉、山杜仲、猕猴桃、金银花、银杏、黄连、肉桂、喜树、金线莲、列当、石花菜等珍贵中药材。全市境内有51个果树品种，其中栽培的32个，野生的半野生的19个。荔枝、龙眼、枇杷、文旦柚被誉为"兴化四大名果"。

2 经济跨越发展

建市以来，随着改革开放的不断深入，莆田市委、市政府调整经济发展战略，加快工业化建设步伐，特别是近年来，全市上下积极融入福建发展和海西建设大局，紧紧围绕市第六次党代会确定的"跨越发展、宜居港城"的奋斗目标，大力实施"以港兴市、产业强市"的发展战略，按照"城市建设一二三四五、产业发展金木水火土"的工作思路，推动经济社会又好又快发展，经济实力迅速增强，对外开放不断扩大，城乡面貌日新月异，各项事业全面发展，人民生活明显提高。莆田已从贫穷落后的东南海滨一隅，跃升为海峡西岸一颗璀璨的明珠。

综合实力显著提升

近几年，全市经济总量和发展水平实现重大跨越，综合竞争力持续提升。2012 年，全市实现地区生产总值 1202.79 亿元，连续五年平均增幅达 14.3%，居全省第一位，总量跃居全省第七位；财政总收入 129.03 亿元，连续五年平均增幅达 23.1%，居全省第二位，总量跃居全省第六位；全社会固定资产投资额平均增幅达 31%，五年累计投资量达 2800 多亿元，相当于建市以来投资总和的 2.6 倍。2013 年上半年，实现地区生产总值 609.05 亿元，增长 12.5%，总量再次进入全省第六位，财政总收入 84.18 亿元，同比增长 19.2%，全社会固定资产投资额 601.63 亿元，同比增长 30.4%，规模以上工业产值 1034.43 亿元，同比增长 15.6%，经济迈入快速发展的轨道。

发展后劲不断增强

坚持抓大项目好项目，以打好"五大战役"（重点项目建设、新增长区域发展、城市建设、小城镇改革发展和民生工程战役）为重要载体和主要抓手，全力攻坚重点项目，取得了显著成绩。2012年全市共对接央企、外企和民企"三维"项目246个，总投资约3000亿元。与中海油、国投、国电、中铁、鞍钢等近30家央企，以及金鹰集团、兴隆集团、云顶集团等一批跨国公司开展合作，LNG一体化、鞍钢冷轧、湄洲湾火电厂、差别化纤维、林浆纸一体化、神华煤电一体化、丁基橡胶、中锦石化等一批大项目、好项目纷纷落地建设、竣工投产，为经济发展注入了强大动力。

结构调整步伐加快

农业曾一度在莆田经济中占据主导地位，改革开放后特别是建市以来，在"开发湄洲湾，振兴莆田市"的总体部署下，莆田市紧紧围绕主题主线，加快调整产业结构，2012年全市三次产业结构调整为8.9∶58.2∶32.9。做优做特第一产业，按照"山区学利农、海上建牧场"的思路，大力发展现代设施农业，发展现代海洋渔业，努力形成"风（电）行海西，鲍（鱼）打天下"的发展格局。2012年实现农林牧渔业总产值178.77亿元，培育形成138家市级以上农业龙头企业，农林牧渔及服务业结构比例调整为35.5∶2.0∶19.0∶36.1∶7.3。做大做强第二产业，改造提升传统产业，大力发展新兴产业，初步形成了制鞋、木材浆纸、食品医药、电子信息、化工、能源、纺织服装、机械装备制造、工艺创意、金属冶炼及压延加

工等十大产业集群，2012 年全市十大产业共实现工业总产值
1550.94 亿元。推动工业产业结构不断朝重化工业方向发展，
重点培育临港产业"金木水火土"五行基地。"金"是以鞍钢
冷轧为龙头，加快建设 40 万吨级我国南方最大的铁矿石码头，
打造海西重要的钢铁基地；"木"是以差别化纤维、福人木
业、林浆纸一体化、泰盛浆纸等项目为龙头，做大做强国家级
木材贸易加工示范区，打造产值千亿、亚洲最大的木材浆纸基
地；"水"是以 LNG 一体化为龙头，延伸丁基橡胶、精细胶粉
等 LNG 产业链，打造产值 300 亿以上的国家级 LNG 战略储备
基地，加快推进盘屿大型储油基地建设；"火"是以仙游抽水
蓄能电站、湄洲湾第二发电厂等为龙头，继续推进神华煤电一
体化、中核建高温气冷堆核电站等项目，打造产值 500 亿元的
海西重要电力能源基地；"土"是以国投配煤基地、神华储煤
基地为龙头，打造湄洲湾大型煤炭中转基地。推动产业向精细
化方向发展，大力扶持"科技小巨人企业"，以莆田高新技术
园区升级为国家级高新区为契机，积极打造"海西瑞士"，努
力用莆田元素创造出更多的"莆田制造""莆田精品"。建立
起一批现代企业集团，2012 年底全市规模以上工业企业达 901
家，其中产值超亿元企业 407 家，培育和造就了一批工业名牌
产品，目前拥有中国名牌产品 9 个、中国驰名商标 20 个、福
建省品牌 171 个、福建省著名商标 195 个。加快发展第三产
业，先后制定出台总部经济、旅游业、物流业等产业发展扶持
政策，重点推进商贸业、金融业、盈利性服务业加快发展。特
别是加快发展新兴商业业态，以打造"电子义乌"为目标，

按照"创品牌、搭平台、畅渠道、优服务、建网军"的思路，加快建设安福电子商务城，拓展建立鞋服、食品、农副产品、电子电器等商务平台，努力走出一条"店铺很小、仓库很大、网络很畅、销售很远、附加值很高"的发展路子，力争到2015年年交易额达1000亿元以上，培育自主品牌1000个以上，网络销售从业人员突破30万人。

基础设施日臻完善

莆田市委、市政府深度开发湄洲湾、全面建设兴化湾、有效保护平海湾，加快"三湾"资源整合开发，全面加快港航基础设施建设。全市共规划建设万吨级以上泊位110多个，目前已建成7个深水泊位，港口生产泊位增加到42个，东吴、莆头、罗屿作业区等20多个深水泊位正在建设，累计完成投资近100亿元，全市港口吞吐能力将超2亿吨，罗屿40万吨级码头建成后将成为东南沿海最大的铁矿石专用码头。建设"一纵一横一支线"铁路网，福厦铁路莆田段2010年正式通车，向莆铁路莆田段和湄洲湾港口铁路支线2013年全线通车，莆田从"没有铁路"到拥有153公里的铁路；建设"两纵两横"高速公路网，沈海线福泉高速公路莆田段2011年实现主线八车道通车，莆永高速公路莆田段2012年通车，沈海复线莆田段、湄渝高速公路莆田段正在加快建设，莆田境内的高速公路里程增加至263公里。莆田机场正在积极筹建。建设仙港大道、城港大道、荔港大道等疏港道路，推进滨海大道（省道201线）和福厦324线外移，全市公路总里程5566千米。建成大型金钟水库，完成木兰溪防洪一、二期工程，启动三、四期防洪工程，防灾减灾能力显著提高。解决 170 多万人的饮水问题，农村自来水普及率提高到 89.6%。广播、电视覆盖率分别达 99% 和 98%。加大城乡环保设施建设，投资 12 亿多元建成城市污水处理厂 7 座、污水管网 1300 公里和垃圾焚烧发电厂，污水处理能力达 23.25 万吨/日，城市污水处理率达 80% 以上。

秀屿港

社会事业全面发展

实施科教兴市战略，成为全省科技创新型城市试点，荣膺"全国科技进步先进城市"四连冠，正在争创"五连冠"。全面实现"双高普九"，农村办学条件不断改善，义务教育"两免一补"政策全面落实，职业教育、高等教育平稳发展，现有两所高等院校、28 所中等职业学校，正在积极筹建大学城。医药卫生体制改革不断深化，城乡医疗服务体系不断完善，新

型农村合作医疗参合率达 99.98%，社区卫生服务中心覆盖率
达 100%，市第一医院、莆田学院附属医院、九五医院三家医
院晋升为三级甲等综合性医院。推进全民健身工程，建成了综
合体育馆、游泳健身馆、武术馆、重竞技馆、射击馆、网球
馆、羽毛球馆和田径场、网球场、射箭场、飞碟射击场、地掷
球场以及皮划赛艇基地等"七馆六场一基地"体育场馆，成
功承办第五届亚洲体操锦标赛、第十四届省运会、福建省第八
届老健会、福建省第七届少数民族传统体育运动会等重大节会
活动。首次获得"全省文明城市"称号。发挥妈祖文化优势，
持续深化对台经贸文化交流合作。社会保障体系进一步健全，
社会保险覆盖面不断扩大，城乡低保实现应保尽保。千方百计
扩大就业，就业局势基本平稳。保障性住房建设力度加大，危
旧房改造稳步推进。人口计生工作完成省下达指标，荔城区、
城厢区被评为"全国计划生育优质服务先进区"。人民群众收
入明显提高，2012 年城镇居民人均可支配收入、农民人均纯
收入分别达到 24690 元、10311 元。扎实推进"平安莆田"建
设，社会保持和谐稳定。全面完成"五五"普法。国防动员
和人防建设稳步推进，双拥共建成效显著，连续四届荣获
"全国双拥模范城"称号。

3　建设宜居港城

　　翻开莆田的历史篇章，城乡面貌的显著改变让人为之赞
叹。建市之前，莆田的老城区多为土木结构矮房，最繁华的不

过是古谯楼前的"十字街"。20 世纪 60 年代初，莆田县政府前的一座四层楼被人们称作"高楼"，周围的闹市区构成了中心城区，面积不过 2 平方公里。建市以来，莆田高起点推进城市规划建设，昔日低矮的民房、拥挤的小巷如今已经被林立的高楼、宽阔的大街所取代，城乡面貌焕然一新。

城市发展思路清晰

注重城市发展规划，完成新一轮土地利用总体规划、城市总体规划修编，以"一心三片"构成的主城区和以妈祖城为核心的滨海新区，功能互补、相得益彰，湄洲湾港口城市的发展格局进一步确立。特别是近年来，莆田按照"保护壶山兰水景观、突出荔林水乡特色、建设生态环保家园、打造滨海宜居城市"的思路，积极构建"一二三四五"宜居城市发展格局。"一"指"一心为源"，把城市中心 6 万亩的荔枝树作为"莆田之肺"保存下来；"二"指"二岛添辉"，建设好湄洲岛和南日岛；"三"指"三湾环绕"，开发好湄洲湾和兴化湾，保护好平海湾，留下一个可以晒太阳、睡沙滩、玩帆船的港湾；"四"指"四水相依"，保护好贯穿全市的木兰溪、萩芦溪、延寿溪和南北洋河网水系。"五"指"五山簇拥"，把城市背后的囊山、九华山、天马山、凤凰山、壶公山保留下来的山都发展成森林公园、山体公园，还配有登山的步行道，逐步形成"城在林中、林在城中、城林相依"的城市景观。着力建设具有"现代骨、传统魂、自然衣"的新型城乡，为子孙后代留下一个"有田可耕、有水可喝、有业可兴、有海可游"的境界。"现代骨"就是以建设配套基础设施、拓展城市规模的思路来构建莆田的现代化框架;"传统魂"就是以保护挖掘属于莆田文化特质的"DNA"来传承莆田的传统文化;"自然衣"就是以保护、补偿、延续莆田的生态来融合莆田的自然山水,奋力建设一个内涵丰富、形象丰满的新型城乡。

城乡建设统筹发展

改革开放以来,莆田市城乡建设力度不断加大,特别以迎接 2010 年福建省运动会的召开为契机,莆田的城乡建设得到了快速推进,中心城区建成区由 1983 年的 4.73 平方公里拓展到 2012 年的 53 平方公里,并先后荣获"国家园林城市""全国绿化模范城市"等称号,正在积极创建"国家森林城市"。大力完善城市综合配套设施,建设了荔涵大道、东园路、荔园路等多条市政道路;培育建成了万达城市广场、正荣时代广场等一批城市综合体,玉湖新城、联创国际广场、ECO 城等一批城市综合体加快建设。扎实推进生态市建设,大力实施"四绿工程",全市森林覆盖率达 58.66%,建成区绿地率达 37.9%,绿化覆盖率达 43.1%。全力推进节能减排工作,2011 年、2012 年全市万元 GDP 能耗分别下降至 0.538 吨、0.519 吨标准煤,共完成"十二五"计划省下达目标任务的 42.1%。加快"六山"生态休闲公园、土海湿地公园、城市慢行系统等建设,全市空气质量连续两年排名福建省第一。2012 年 7 月 27 日,莆田被福建省委、省政府列为全省城乡一体化综合配套改革试点城市。莆田市按照"田园风光、都市生活"的工作思路,全力抓好城乡一体化综合配套改革试验,让生活在保持乡土气息的乡村群众能享受到和都市一样的生活。开展

16 个试点村"幸福家园"建设，组织实施项目 155 个，推进
"三通四绿十配套"工程建设，2013 年上半年完成投资 5.57
亿元，73.5% 的项目实现开工。坚持"一村一策""一村一
案"，着力在村庄规划、新型社区建设、土地综合整治、确权
发证、产权交易流转以及完善基础设施和公共服务体系等方面
积极探索。制定出台《关于城乡居民社会养老保险制度一体
化的实施意见》《关于推进城乡一体化户籍管理制度改革的实
施意见（试行）》等文件，在全省率先实现了全市范围的医疗
养老保障城乡并轨统一。下一步，莆田还将在现有的探索实践
上，更加注重制度化创新，努力争取成为全国的试点城市。

4 文化快速发展

莆田市素以文化发达著称，历代名人辈出，文化积淀深
厚，一直位居福建前列，并以"海滨邹鲁、文献名邦"闻名
海内外。改革开放后，莆田市充分发挥优势，大力推进"文
化莆田"建设，加快文化体制改革、文化事业和文化产业发
展，促进了文化大发展大繁荣，先后获得"中国戏曲之乡"
"中国绘画之乡""中国摄影之乡""中国木雕之城""中国古
典工艺家具之都""中国银饰之乡""中国政务商务礼品特色
产业基地""中国梦文化之乡"等称号，并连续两年获得"全
国文化体制改革工作先进地区"荣誉。

文化资源全面保护

经过 1500 多年的变迁发展，莆田市已经形成了种类繁多、

风格独特的民间工艺和民俗文化，构成了妈祖文化、南少林禅武文化、九鲤湖道教文化、闽中红土地文化、工艺美术文化、莆仙戏文化、古建筑文化和古代名人的文化遗产遗著等重要文化脉络。全市现保存有全国重点文物保护单位 11 处、省级文物保护单位 52 处、市级文物保护单位 110 处，非物质文化遗产有世界级 1 项、国家级 7 项、省级 19 项，其中 2009 年申报成功的"妈祖信俗"是中国首个信俗类世界非物质文化遗产；有国家级旅游度假区 1 个、国家 4A 级旅游景区 2 个、国家级森林公园 1 个、全国水利风景区 1 个、全国生态农业旅游示范区 1 个、全国工业旅游示范点 1 个。

文化事业蓬勃发展

公共文化设施网络完善，全市现有一座群众文化艺术馆、两座县区文化馆，莆仙大剧院于 2011 年底建成并投入使用，市图书馆、博物馆、科技馆、报业大厦、艺术学校将于 2015 年前全部建成并投入使用，先后新建、改建乡镇综合文化站 3 万多平方米，建成农家书屋 465 家、示范点 184 家，并于 2009 年全面实现 20 户以上村的广播电视"村村通"工程。群众文化生活日益丰富，从 1996 年起开展常年性的文化、科技、卫生"三下乡"活动，从 2007 年起全面实施农村电影"2131"工程，全市 120 多个莆仙剧团常年活跃在农村，莆仙戏现代文明小戏加演活动入选中宣部《宣传思想文化工作百个案例选编》，先后在湄洲岛承办、举办中央电视台中秋晚会两次、"心连心"大型文艺演出两次、"欢乐中国行"和"唱响中国·两岸一家"活动各一次，先后举办8届中国·海峡工艺品博览会、14届中国·湄洲妈祖文化旅游节和5届海峡论坛·妈祖文化活动周活动。文学艺术创作成绩突出，以《官司》（电影《集结号》）、《突围》等为代表的莆田文学在全国产生很大影响，莆仙戏《江上行》获中宣部精神文明建设"五个一工程"奖、文化部"文华新剧目奖"，《春草闯堂》获国家首批18台优秀传统剧目奖，并于2010年9月起在法国，以及香港、北京、天津、上海等国家和地区巡回演出，歌曲《两岸一家亲》入选《唱响中国》歌曲征集活动全国"十大优秀歌曲"，先后举办全国摄影艺术节（展）、第十四届福建省运动会、第八届福建省老健会开闭幕式等大型文艺活动和莆田文学节、百花文艺奖、文艺突出贡献奖、云里风文学奖、林学霖摄影展、真好书法奖等多项评奖活动。

湄洲妈祖文化论坛

莆仙大剧院

文化产业快速壮大

加快文化旅游、工艺美术、创意设计、演艺娱乐业、节庆会展业、体育休闲、印刷发行、数字传媒等八大文化产业发展，构架了具有莆田特色的文化发展格局：依托湄洲岛世界妈祖文化中心地位，带动了妈祖新城的建设和妈祖文化的弘扬，推动了妈祖文化品牌的做大做强；依托荔城区木雕、青石雕、玉雕产业基础，建成了全国最大的工艺交易市场；依托秀屿区银饰、草竹编产业基础，建成了继深圳、义乌之后全国第三大银饰交易市场和国内最重要的金银珠宝首饰产业基地；依托仙游坝下木雕产业基础，建成了全国最大的古典工艺家具"十里长安街"；依托涵江集友油画产业基础，建成了全国最大的油画出口基地。大力推进海西文化创意产业城、仙游古典工艺

博览城、油画城、石雕城、古玩城、永鸿文化城和九鲤湖梦文
化园、南少林禅武文化基地等文化产业园建设，全市文化产业
发展规模快速扩大，至 2013 年上半年文化产业增加值占 GDP
的比重达 8.6%，从 2011 年起连续位居福建省第一位，特别是
全市形成了以古典工艺家具、油画、金银珠宝"三驾马车"
为主的工艺美术产业，从业人员近 35 万人，总产值达 400 亿
元，334 家规模以上企业产值达 183 亿元。

参考文献

（宋）李俊甫撰《莆阳比事》，载阮元辑《宛委别藏》丛书，江苏古籍出版社，1988。

（宋）赵与泌修，黄岩孙纂《（宝祐）仙溪志》，福建人民出版社，1989。

（明）陈效修，周瑛、黄仲昭纂，蔡金耀点校《重刊兴化府志》，福建人民出版社，2007。

（明）周华纂，蔡金耀点校《游洋志》（《福建兴化县志》），龙岩新华印刷厂，1999。

（明）陈道修，黄仲昭纂《（弘治）八闽通志》，福建人民出版社，1990。

（明）何乔远纂《（万历）闽书》，福建人民出版社，1994。

（明）张弘道、张凝道纂《皇明三元考（附：科名盛事录）》，载《北京图书馆古籍珍本丛刊》（21），书目文献出版社，1995。

（明）林登名撰《莆舆纪胜》，莆田市图书馆藏抄本。

（清）郑王臣编《莆风清籁集》，载《四库全书存目丛书》集部第 411 册。

（清）汪大经、王恒等修，廖必琦等纂《（乾隆）兴化府莆田县志》，载《中国方志丛书》（81），台北成文出版社，1968。

（清）徐松撰《登科记考》，中华书局，1984。

（清）郑远芳原纂，郑春锂重编《莆田二十四景诗集》，福建师范大学图书馆藏本。

石有纪修，张琴纂《（民国）莆田县志》，载《中国地方志集成·福建府县志专辑》（16、17），上海书店，2000。

张琴编纂《（民国）莆田南山广化寺志》，福建师范大学图书馆藏本。

马来亚兴化文献编委会编《兴化文献》，雪兰莪兴安会馆，1947。

朱维幹：《福建史稿》（上下），福建教育出版社，1984。

陈秉宏主编《兴化文献新编》，马来西亚霹雳太平兴安会馆，1985。

陈金添主编《仙游今古》，福建人民出版社，1986。

陈建才主编《八闽掌故大全》，福建教育出版社，1994。

莆田县县志编委会编《莆田县志（初稿）》，1959～1965 年内部按分册印发。

莆田县地方志编纂委员会编《莆田县志》，中华书局，

1994。

王耀华主编《福建文化概览》，福建教育出版社，1994。

仙游县地方志编纂委员会编《仙游县志》，方志出版社，1995。

涵江区地方志编纂委员会编《涵江区志》，方志出版社，1997。

福建省地方志编纂委员会编《福建省志·民俗志》，方志出版社，1997。

中国民间文学集成全国编辑委员会编《中国民间文学集成·福建卷》，中国 ISBN 中心，1998。

莆田市城厢区地方志编纂委员会编《城厢区志》，中国社会科学出版社，1999。

莆田市地方志编纂委员会编《莆田市志》（上、中、下），方志出版社，2001。

福建省炎黄文化研究会、中共莆田市委宣传部合编《莆仙文化研究》，海峡文艺出版社，2003。

甘玉连主编《莆田文化丛书》（10 册），福建人民出版社，2003。

宋湖民撰《南禅室集》，莆田市政协文史办公室编印，2004。

朱维幹：《莆田县简志》，方志出版社，2005。

周雪香：《莆仙文化述论》，中国社会科学出版社，2008。

金文亨：《莆田纵横》，中国文史出版社，2008。

杨鹏飞主编《莆田二十四景》，中国文史出版社，2011。

蒋维锬、朱合浦主编《湄洲妈祖志》，方志出版社，2011。

莆田市艺术馆编《莆田市非物质文化遗产名录》，福建海峡书局，2011。

后 记

　　本书是大型历史知识普及丛书《中国史话》的一个分册。2013 年 5 月，在中共莆田市委书记梁建勇和莆田市人民政府副市长张丽冰的关心支持下，《莆田史话》编写工作正式启动，由莆田学院妈祖文化研究院、莆仙文化研究院院长黄瑞国教授协调，组织了本书的编委会。编委会特聘学报副主编、文传学院刘福铸教授担任史话一书的主编。全书原框架分为六章，分别是：一、市情概览，由林明太教授执笔；二、名称由来与隶属沿革，由刘福铸教授执笔；三、史海拾珍，由陈天宇研究员执笔；四、地方文化，由陈祖芬教授执笔；五、自然和人文景观，由黄黎洪博士执笔；六、现代风貌，由许元振博士执笔；参考文献由刘福铸提供。初稿完成后，先由莆田市社科联审阅，再寄送社会科学文献出版社审稿，出版社编辑和有关专家审阅后，提出了许多中肯的修改意见。在本书责任编辑黄丹、李旭龙的具体指导下，由主编刘福铸对全书内容作了重大的增删合并，结构方面也作了重大的调整，这就是现在呈现在读者面前的这个新稿。

　　本书虽然只是一本通俗读物，但包含的知识贯穿古今，涵盖了莆田文化的方方面面，因此为了内容的真实可信、简明全面，编著者除了亲自做田野调查外，参考的古今文献亦不下百种，编者已把主要参考文献附录于书末，可供有志深入研究莆田地方史的学人参考。在资料的选取方面，也尽量吸收最新的研究成果，如本书中的有关莆田科举人数方面的数据，"莆阳"别称始见于中唐欧阳詹文章的观点，都是新的提法。"现代风貌"内容则是由莆田市委办公室的同志亲自修改定稿的，其中有关当代莆田市的各种数据和政策提法等也都是最新的资料。可以说，本书篇幅虽小，但也是众多学人集体合作的成果。最后，感谢中共莆田市委书记梁建勇赐序，感谢为本书的出版付出努力的所有热心人，也希望广大读者对不足之处提出批评指正。

编　者

2014 年 3 月

史话编辑部

图书在版编目（CIP）数据

莆田史话/刘福铸主编.—北京：社会科学文献出版社，
2014.10
　（中国史话）
　ISBN 978－7－5097－5750－5

　Ⅰ.①莆…　Ⅱ.①刘…　Ⅲ.①莆田市－地方史
Ⅳ.①K295.73

　中国版本图书馆 CIP 数据核字（2014）第 044742 号

"十二五"国家重点图书出版规划项目

中国史话·社会系列

莆田史话

主　　编／刘福铸

出 版 人／谢寿光
项目统筹／宋月华　谢　安
责任编辑／王玉霞

出　　版／社会科学文献出版社·人文分社（010）59367215
　　　　　　地址：北京市北三环中路甲29号院华龙大厦　邮编：100029
　　　　　　网址：www.ssap.com.cn
发　　行／定制出版中心（010）59366509　59366498
　　　　　　市场营销中心（010）59367081　59367090
　　　　　　读者服务中心（010）59367028
印　　装／北京鹏润伟业印刷有限公司

规　　格／开　本：889mm×1194mm　1/32
　　　　　　印　张：4.875　字　数：101千字
版　　次／2014年10月第1版　2014年10月第1次印刷
书　　号／ISBN 978－7－5097－5750－5
定　　价／25.00元